ओमप्रकाश वाल्मीकि

प्रतिनिधि कविताएँ

सम्पादक

रविकान्त

राजकमल पेपरबैक्स

राजकमल पेपरबैक्स में
पहला संस्करण : 2024

राजकमल पेपरबैक्स : उत्कृष्ट साहित्य के जनसुलभ संस्करण

राजकमल प्रकाशन प्रा. लि.
1-बी, नेताजी सुभाष मार्ग, दरियागंज
नई दिल्ली-110 002
द्वारा प्रकाशित

शाखाएँ : अशोक राजपथ, साइंस कॉलेज के सामने, पटना-800 006
पहली मंजिल, दरबारी बिल्डिंग, महात्मा गांधी मार्ग, प्रयागराज-211 001
1, अनमोल सोराबजी सन्तुक लेन, धोबी तालाव, मरीन लाइंस, मुम्बई-400 002

वेबसाइट : www.rajkamalprakashan.com
ई-मेल : info@rajkamalprakashan.com

बी.के. ऑफसेट
नवीन शाहदरा, दिल्ली-110 032
द्वारा मुद्रित

मूल्य : ₹150

PRATINIDHI KAVITAYEIN
Representative Poems of Om Prakash Valmiki
Edited by Ravikant

ISBN : 978-93-6086-238-1

भूमिका

ओमप्रकाश वाल्मीकि हिन्दी के बिरले रचनाकारों में हैं, जिन्हें अन्तरराष्ट्रीय ख्याति मिली। ओमप्रकाश वाल्मीकि 1970 के दशक में लेखन में सक्रिय हुए। लेकिन पहली बार वे चर्चा में तब आए जब उनकी आत्मकथा 'जूठन' (1997) प्रकाशित हुई। 'जूठन' को उन सच्चाइयों के कारण प्रसिद्धि मिली जो सदियों से समाज में व्याप्त थीं, लेकिन कभी रचना के लायक नहीं समझी गईं। हिन्दू समाज के सबसे निचले पायदान पर स्थित वाल्मीकि-समाज की जिन्दगी की बदहाली, अपमान, पीड़ा, घुटन, संघर्ष और आक्रोश को 'जूठन' में उकेरा गया। हिन्दी समाज में हुई 'जूठन' की चर्चा भारत के दूसरे हिस्सों और फिर देश की सीमाओं से बाहर निकलकर विदेशों तक जा पहुँची। दर्जनों विदेशी भाषाओं में 'जूठन' के अनुवाद हुए। इसे सैकड़ों देशी और विदेशी विश्वविद्यालयों के पाठ्यक्रमों में शामिल किया गया। भारतीय और विशेषकर हिन्दू समाज को जानने-समझने के लिए 'जूठन' पर अनेक शोध हुए।

दलित साहित्यकारों में ओमप्रकाश वाल्मीकि इकलौते रचनाकार हैं, जिन्होंने कविता, कहानी, आत्मकथा और आलोचना जैसी प्रमुख विधाओं में अधिकारपूर्वक लिखा और प्रसिद्धि पाई। अलबत्ता, सबसे पहले वे कवि हैं। कविता लेखन से ही उनका रचनाकार व्यक्तित्व

सामने आया। उनकी समूची कविताएँ चार संग्रहों में संकलित हैं। उनका पहला संग्रह, 'सदियों का सन्ताप', 1989 में फिलहाल प्रकाशन, देहरादून से प्रकाशित हुआ। इसके बाद उनका दूसरा संग्रह 'बस्स बहुत हो चुका', 1997 में वाणी प्रकाशन से आया। उनका तीसरा काव्य-संग्रह 2009 में राधाकृष्ण प्रकाशन से 'अब और नहीं' शीर्षक से प्रकाशित हुआ। अन्तिम कविता-संग्रह 'शब्द झूठ नहीं बोलते' है, जो 2012 में अनामिका प्रकाशन से प्रकाशित हुआ।

ओमप्रकाश वाल्मीकि ने दलित कविता को स्थायी पहचान दिलाई। दलित कविता, सदियों से चली आ रही वर्णवादी सामाजिक व्यवस्था में निहित असमानता और अन्याय के खिलाफ विद्रोह से उपजी कविता है। इसमें दलितों के भोगे हुए जीवन की पीड़ा, इससे उत्पन्न वेदना, आक्रोश, संघर्ष और व्यवस्था को बदलने की बेचैनी निहित है। दलित कविता में बदले की भावना नहीं बल्कि बदलाव की चेतना है। इसका लक्ष्य मानवीय मूल्यों की स्थापना और समतापरक समाज का निर्माण करना है। ओमप्रकाश वाल्मीकि के शब्दों में, "दलित कविता में आक्रोश, संघर्ष, नकार, विद्रोह; अतीत की स्थापित मान्यताओं से है, वर्तमान छद्म से है, लेकिन मुख्य लक्ष्य जीवन में घृणा की जगह प्रेम, समता, बन्धुता, मानवीय मूल्यों का संचार करना ही दलित कविता का लक्ष्य है।" (भूमिका, शब्द झूठ नहीं बोलते)

दलित कविता आम्बेडकरवाद की रचनात्मक अभिव्यक्ति है। डॉ. आम्बेडकर ने दलितों की मुक्ति और उनके उत्थान के लिए जीवनपर्यन्त संघर्ष किया और एक मजबूत वैचारिक आधार प्रदान किया। संविधान और लोकतंत्र के जरिये दलितों को अधिकार और अवसर प्राप्त हुए। पढ़ने-लिखने और बोलने की आजादी मिली। डॉ. आम्बेडकर से प्रेरित दलित कवियों ने ब्राह्मणवादी व्यवस्था की तीखी आलोचना की। सदियों से चली आ रही इस अन्यायपरक व्यवस्था

को मिटाकर, दलित कवियों ने समता और बन्धुत्व पर आधारित समाज बनाने का सपना देखा। ओमप्रकाश वाल्मीकि की कविताएँ ब्राह्मणवादी शोषण-तंत्र में पिसते दलितों के जीवन का यथार्थ रचती हैं। वाल्मीकि जी की कविताओं में उन ऐतिहासिक और सांस्कृतिक मान्यताओं के प्रति आक्रोश है, जो सदियों से पीढ़ी दर पीढ़ी दलितों के जीवन को नारकीय बनाती रही हैं। अपने पहले संग्रह 'सदियों का सन्ताप' की भूमिका में वे लिखते हैं, "दलित कविता के आक्रोशित स्वर में जो आन्तरिक भवबोध है, उसका सम्बन्ध ऐतिहासिक सन्दर्भों में विद्यमान है। दलित कवि एक मनुष्य की तरह जीना चाहता है, क्योंकि एक मनुष्य की तरह सम्मान से जीने का उसे अधिकार मिलना चाहिए; जो उससे वर्ण-व्यवस्था के सामाजिक प्रतिबन्धों ने छीना है। इसीलिए दलित कविता में वर्ण-व्यवस्था विरोध, सामाजिक विषमता के प्रति गहरा विक्षोभ दिखाई देता है।" एक कविता में उन्होंने लिखा—

'मेरी माँ ने जने सब अछूत ही अछूत
तुम्हारी माँ ने सब बामन ही बामन।
कितने ताज्जुब की बात है
जबकि प्रजनन क्रिया एक ही जैसी है।
वह दिन कब आएगा
जब बामनी नहीं जनेगी बामन
चमारी नहीं जनेगी चमार
भंगिन भी नहीं जनेगी भंगी।'

ओमप्रकाश वाल्मीकि कबीर की परम्परा के कवि हैं। कबीर की तरह उनकी कविताएँ प्रश्न करती हैं। ब्राह्मणवादी पाखंड और सामन्ती शोषण को बेपर्दा करने वाले भयानक प्रश्न! धर्म, ईश्वर, आत्मा, पुनर्जन्म के नाम पर सदियों से दलितों को वंचना और प्रताड़ना का

शिकार बनाया गया। उनके साथ जानवरों से बदतर सलूक किया गया। ब्राह्मणवादी व्यवस्था ने उनसे मनुष्य होने का अधिकार ही नहीं बल्कि एहसास भी छीन लिया। शिक्षा, रोजगार और सम्पत्ति हड़पकर, उन्हें भूख और लाचारी के साथ अछूत बनाकर गाँव के बाहर दक्खिन टोले में धकेल दिया गया। धर्म के नाम पर उनकी औरतों का बलात्कार किया गया। ओमप्रकाश वाल्मीकि मनुवादियों से पूछते हैं—

'धर्म के नाम पर
कहा जाए बनने को देवदासी
तुम्हारी स्त्रियों को
कराई जाए उनसे वेश्यावृत्ति
तब तुम क्या करोगे?'
जन्म से कोई अछूत और कोई श्रेष्ठ क्यों है?

एक ही ब्रह्म के अंश मनुष्यों में कोई ऊँच तो कोई नीच क्योंकर है?—

'चूहड़े या डोम की आत्मा
ब्रह्म का अंश क्यों नहीं है
मैं नहीं जानता
शायद आप जानते हों?'

हिन्दू धर्म के मठ और मन्दिर; वर्ण और जाति की शोषणकारी व्यवस्था के केन्द्र रहे हैं। अछूत करार दिए गए दलित मन्दिर में नहीं जा सकते। लेकिन विडम्बना देखिए कि फिर भी वे हिन्दू हैं! इसीलिए डॉ. आम्बेडकर ने पहले दलितों का मन्दिर प्रवेश आन्दोलन चलाया। लेकिन जब पुरोहितों ने दलितों को मन्दिरों में नहीं घुसने दिया तो उन्होंने 1956 में अपने लाखों अनुयायियों के साथ हिन्दू धर्म

छोड़कर बौद्ध धर्म अपना लिया। दलितों-शूद्रों को गुमराह करने के लिए आगे चलकर मन्दिर-मस्जिद की राजनीति खड़ी की गई। इस राजनीति के जरिये दलितों के खिलाफ जाति-वर्ण के आधार पर होने वाले शोषण, अन्याय और अत्याचार की स्मृतियों को मिटाने के लिए मध्यकाल को कथित मुस्लिम आक्रान्ताओं के इतिहास के रूप में जोर-शोर से प्रचारित किया गया। जबकि हिन्दू संस्कृति को सनातन और सहिष्णु बताया गया। सदियों से दलितों पर अत्याचार करने वाला हिन्दू सहिष्णु क्योंकर है? अपनी आत्मकथा 'जूठन' में ओमप्रकाश वाल्मीकि ने लिखा, 'पेड़-पौधों, पशु-पक्षियों को पूजने वाला हिन्दू दलितों के प्रति इतना असहिष्णु क्यों है?' सहिष्णुता को पहचान बताने वाली हिन्दुत्ववादी साम्प्रदायिक राजनीति को ओमप्रकाश वाल्मीकि ने निम्न शब्दों में बेपर्दा किया है—

'पूजते हो गांधी के हत्यारे को'
'तोड़ते हो इबादतगाह झुंड बनाकर!'

हिन्दुत्ववादी साम्प्रदायिक राजनीति आज सत्ता में है। ब्राह्मणवाद खूब फल-फूल रहा है। मन्दिर निर्माण के नाम पर दलितों को अन्धविश्वास और गुलामी के दलदल में फिर से धकेलने की साजिश हो रही है। दलितों का उत्थान मन्दिर से नहीं, विद्यालय से होगा। उनका जीवन; कर्मकांडों से नहीं बल्कि शिक्षा से रोशन होगा। ईश्वर और देवता कभी दलितों के दमन और अत्याचारों को मिटाने क्यों नहीं आते?—

'क्यों नहीं जागृत हो जाता
देवता प्राण-प्रतिष्ठा के बाद,
क्यों रह जाता है जड़ भूख
और जुल्म देखकर!'

ओमप्रकाश वाल्मीकि की कविता में मनुवाद का नकार ही नहीं तिरस्कार भी है। तमाम धर्मग्रंथों की अपेक्षा मनुस्मृति में सबसे ज्यादा दलितों, शूद्रों और स्त्रियों को पराधीन बनाने वाली आचार संहिताएँ निहित हैं। मनुस्मृति के जरिये इन समुदायों को शिक्षा और सम्पत्ति से वंचित कर दिया गया। इसीलिए डॉ. आम्बेडकर ने 1927 में सार्वजनिक रूप से मनुस्मृति का दहन किया था। मनुवादी व्यवस्था में सदियों से ब्राह्मणवादियों का सामाजिक और सांस्कृतिक वर्चस्व स्थापित है। दलितों की सामाजिक और आर्थिक दासता का कारण यह है कि देश के संसाधनों—शिक्षा और सम्पत्ति—पर सामन्ती ब्राह्मणवादियों का कब्जा है। इन संसाधनों पर मेहनतकश दलितों का अधिकार कब होगा? 'ठाकुर का कुआँ' कविता में वंचना की वेदना को ओमप्रकाश वाल्मीकि ने सरल-सहज शब्दों में बयान किया है। दलितों की बेबसी तथा सामन्तों के वहशीपन और वर्चस्व को रेखांकित करने वाली 56 शब्दों की इस कविता का यथार्थ इतना मार्मिक और प्रासंगिक है कि 'ठाकुर का कुआँ' वाल्मीकि जी की सबसे ज्यादा पढ़ी और उद्धृत करने वाली कविता बन गई है। साहित्यिक सभाओं से लेकर संसद के गलियारों तक इस कविता का पाठ किया जा चुका है। कविता सुनकर तिलमिलाए सामन्तों ने कविता पाठ करने वाले सांसद का गला रेतने का फरमान भी जारी कर दिया। यह घटना 2023 की है। जाहिर है कि आज भी देश में सामन्तवाद और ब्राह्मणवाद की जड़ें बहुत गहरी हैं। हिन्दुत्ववाद का खाद-पानी इन जड़ों को और मजबूत बना रहा है। इसीलिए आज के दौर में ओमप्रकाश वाल्मीकि की कविताओं की प्रासंगिकता और अधिक बढ़ जाती है।

ओमप्रकाश वाल्मीकि जी व्यक्तिगत तौर पर मेरे लिए सर्वाधिक पसन्दीदा और प्रेरक रचनाकारों में रहे हैं। राजकमल प्रकाशन द्वारा

प्रकाशित उनकी प्रतिनिधि कविताओं के सम्पादन का दायित्व प्रदान करने के लिए सम्पादकीय निदेशक मित्र सत्यानंद निरुपम और प्रबन्ध निदेशक अशोक महेश्वरी जी का बहुत धन्यवाद। अपने छात्रों, मित्रों और सहयोगियों का भी आभार।

01 जनवरी, 2024

—रविकान्त

एसोसिएट प्रोफेसर, हिन्दी विभाग
लखनऊ विश्वविद्यालय, लखनऊ
(भीमा कोरेगाँव शौर्य दिवस)

क्रम

प्रतिनिधि कविताएँ

ठाकुर का कुआँ

चूल्हा मिट्टी का
मिट्टी तालाब की
तालाब ठाकुर का।

भूख रोटी की
रोटी बाजरे की
बाजरा खेत का
खेत ठाकुर का।

बैल ठाकुर का
हल ठाकुर का
हल की मूठ पर हथेली अपनी
फसल ठाकुर की।

कुआँ ठाकुर का
पानी ठाकुर का
खेत-खलिहान ठाकुर के
गली-मुहल्ले ठाकुर के
फिर अपना क्या?
गाँव?

शहर?
देश?

[नवम्बर, 1981]

शायद आप जानते हों

यज्ञों में पशुओं की बलि चढ़ाना
किस संस्कृति के प्रतीक हैं
मैं नहीं जानता
शायद आप जानते हों!

अर्थ बदल कर शब्दों के
गढ़ लेना असंख्य प्रतीक,
ऋग्वेद के कृष्ण को
महाभारत में फिट कर के
हो जाना आत्म विभोर
सो जाना गहरी नींद में
देख नहीं पाना सपनों में
पन्ने फाड़कर बाहर आती क्रूर हँसी
जो चुपके-चुपके दीमक की तरह
खा गई तहखानों में सहेज कर
रखी संस्कृति को
संस्कृति और संस्कृत में
क्या सम्बन्ध है

मैं नहीं जानता
शायद आप जानते हों!

श्मशानों के भूत-पिशाच
मरघट का वैराग्य नहीं जानते
भवानी का खप्पर भी अभी खाली है
गले में नरमुंड डालकर जब
वह नृत्य करेगी
जलती इमारत की छत से
छलाँग लगाकर आत्महत्या भी नहीं
कर पाओगे

तुम्हारे रचे शब्द
तुम्हें ही डसेंगे साँप बनकर

गंगा किनारे
कोई वट वृक्ष ढूँढ़कर
भागवत का पाठ कर लो
आत्मतुष्टि के लिए
कहीं अकाल मृत्यु के बाद
भयभीत आत्मा
भटकते-भटकते
किसी कुत्ते या सूअर की मृत देह में
प्रवेश न कर जाए
या फिर पुनर्जन्म की लालसा में
किसी डोम या चूहड़े के घर
पैदा न हो जाए!

चूहड़े या डोम की आत्मा
ब्रह्म का अंश क्यों नहीं है
मैं नहीं जानता शायद आप जानते हों!

तब तुम क्या करोगे?

यदि तुम्हें,
धकेलकर गाँव से बाहर कर दिया जाये
पानी तक न लेने दिया जाये कुएँ से
दुत्कारा-फटकारा जाये
चिलचिलाती दुपहर में
कहा जाये तोड़ने को पत्थर
काम के बदले
दिया जाये खाने को जूठन
तब तुम क्या करोगे?

यदि तुम्हें,
मरे जानवर को खींचकर
ले जाने के लिये कहा जाये
और,
कहा जाये ढोने को पूरे परिवार का मैला
पहनने को दी जाए उतरन
तब तुम क्या करोगे?

यदि तुम्हें,
पुस्तकों से दूर रखा जाये
जाने नहीं दिया जाये
विद्या मन्दिर की चौखट तक

ढिबरी की मन्द रोशनी में
कालिख पुती दीवारों पर
ईसा की तरह टांग दिया जाये
तब तुम क्या करोगे?

यदि तुम्हें,
रहने को दिया जाये
फूस का कच्चा घर
वक्त-बेवक्त फूँक कर जिसे
स्वाहा कर दिया जाये
बरसात की रातों में
घुटने-घुटने पानी में
सोने को कहा जाये
तब तुम क्या करोगे?

यदि तुम्हें,
नदी के तेज बहाव में
उलटा बहना पड़े
दर्द का दरवाजा खोलकर
भूख से जूझना पड़े
भेजना पड़े नयी-नवेली दुल्हन को

पहली रात ठाकुर की हवेली
तब तुम क्या करोगे?

यदि तुम्हें,
अपने ही देश में नकार दिया जाये
मानकर बन्धुआ
छीन लिये जाएँ अधिकार सभी
जला दी जाये समूची सभ्यता तुम्हारी
नोच-नोच कर

फेंक दिए जायें
गौरवमय इतिहास के पृष्ठ तुम्हारे
तब तुम क्या करोगे?

यदि तुम्हें,
वोट डालने से रोका जाये
कर दिया जाये लहूलुहान
पीट-पीटकर लोकतन्त्र के नाम पर
कदम-कदम पर
याद दिलाया जाये जाति को ओछापन
दुर्गन्ध भरा हो जीवन
हाथ में पड़ गये हों छाले
फिर भी कहा जाये
खोदो नदी नाले
तब तुम क्या करोगे?

यदि तुम्हें,
सरेआम बेइज्जत किया जाये
छीन ली जाये सम्पत्ति तुम्हारी

धर्म के नाम पर
कहा जाये बनने को देवदासी
तुम्हारी स्त्रियों को
करायी जाये उनसे वेश्यावृति
तब तुम क्या करोगे?

साफ-सुथरा रंग तुम्हारा
झुलसकर साँवला पड़ जायेगा
खो जायेगा आँखों का सलोनापन
तब तुम कागज पर
नहीं लिख पाओगे

सत्यम् शिवम् सुन्दरम्।
देवी-देवताओं के वंशज तुम
हो जाओगे लूले-लँगड़े और अपाहिज
जो जीना पड़ जाये युगों-युगों तक
मेरी तरह?
तब तुम क्या करोगे?

[सितम्बर, 1988]

वह दिन कब आएगा

मेरी माँ ने जने सब अछूत ही अछूत
तुम्हारी माँ ने सब बामन ही बामन।

कितने ताज्जुब की बात है
जबकि प्रजनन क्रिया एक ही जैसी है।

वह दिन कब आएगा
जब बामनी नहीं जनेगी बामन
चमारी नहीं जनेगी चमार
भंगिन भी नहीं जनेगी भंगी।

तब नहीं चुभेंगे
जातीय हीनता के दंश।

नहीं मारा जाएगा तपस्वी शंबूक
नहीं कटेगा अंगूठा एकलव्य का
कर्ण होगा नायक
राम सत्ता लोलुप हत्यारा।

क्या ऐसे दिन कभी आएँगे?

बस्स! बहुत हो चुका

जब भी देखता हूँ मैं
झाड़ू या गन्दगी से भरी बाल्टी-कनस्तर
किसी हाथ में
मेरी रंगों में
दहकने लगते हैं

यातनाओं के कई हज़ार वर्ष एक साथ
जो फैले हैं इस धरती पर
ठंडे रेतकणों की तरह।

मेरी हथेलियाँ भीग-भीग जाती हैं
पसीने से
आँखों में उतर आता है
इतिहास का स्याहपन
अपनी आत्मघाती कुटिलताओं के साथ।

झाड़ू
थामे हाथों की सरसराहट
साफ सुनायी पड़ती है भीड़ के बीच
बियाबान जंगल में सनसनाती हवा की तरह।

वे तमाम वर्ष
वृत्ताकार होकर घूमते हैं
करते हैं छलनी लगातार
उँगलियों और हथेलियों को
नस-नस में समा जाता है ठंडा-ताप।

गहरी पथरीली नदी में
असंख्य मूक पीड़ाएँ
कसमसा रही हैं
मुखर होने के लिए रोष से भरी हुई।

बस्स!
बहुत हो चुका

चुप रहना
निरर्थक पड़े पत्थर
अब काम आएँगे सन्तप्त जनों के!

मुट्ठी भर चावल

ओ, मेरे प्रताड़ित पुरखो
तुम्हारी स्मृतियाँ
इस बंजर धरती के सीने पर
अभी जिन्दा हैं
अपने हरेपन के साथ।

तुम्हारी पीठ पर
चोट के नीले गहरे निशान
तुम्हारे साहस और धैर्य को
भुला नहीं पाये हैं अभी तक।

सख्त हाथों पर पड़ी खरोंचें
रिसते लहू के साथ
विरासत में दे गई हैं
ढेर-सी यातनाएँ
जो उगानी हैं मुझे इस धरती पर
हरे-नीले-लाल फूलों में।

बस्तियों से खदेड़े गए
ओ, मेरे पुरखो
तुम चुप रहे उन रातों में
जब तुम्हें प्रेम करना था
आलिंगन में बाँधकर,
अपनी पत्नियों को।

तुम तलाशते रहे
मुट्ठी भर चावल
सपने गिरवी रखकर।

ओ, मेरे अज्ञात, अनाम पुरखो
तुम्हारे मूक शब्द
जल रहे हैं
दहकती राख की तरह
राख : जो लगातार काँप रही है
रोष में भरी हुई।

मैं जानना चाहता हूँ
तुम्हारी गन्ध...
तुम्हारे शब्द...
तुम्हारा भय...
जो तमाम हवाओं के बीच भी
जल रहे हैं
दीये की तरह युगों-युगों से!

तनी मुट्ठियाँ

मेरी पीढ़ी सदियों के अभिशाप को
कंधों पर लादे
गाँव से शहर तक आयी है
खड़ी देख रही है/चौराहे पर
मशाल लिये जाते जुलूस को।

आँखों में मरुस्थली रेत
किरकिराती है
सघन होती है
युग की विशाल क्रूरता
तमाम वर्जनाओं के साथ,
रक्त शिराओं में
जेठ की दुपहर-सी पिघलती है
माघ-पूस की सर्द रातों-सी
दहकती है
धरती और आकाश के बीच
टूटकर गिरता है कोई नक्षत्र
अँधेरी रात में
किसी कर्ण की सिसकियाँ
ऊँच-रुँध जाती हैं।

शंबूक की अभिशप्त हत्या
और एकलव्य के साथ

किये गये छल को साथ लिए
मेरी पीढ़ी
जंगलों, पहाड़ों, नदियों और नालों में
खोज रही हैं
गत और विगत के बीच की मीन शिलाएँ
जिन पर जाने-अनजाने
कितनी ही लकीरें खींच दी गई होंगी
विश्वास की घनी चादर फैलाकर।

मेरी पीढ़ी,
लड़ रही है कई-कई युद्ध एक साथ।
तन और मन दोनों जख्मी हैं
उँगलियों से रिसता लहू
इतिहास पृष्ठों पर
अपनी पहचान ढूँढ़ना चाहता है
रौंदी गई जिन्दगी के अवशेष
नहीं मिलते।

समूची संस्कृति तहस-नहस होकर
बाढ़ के गंदले पानी की तरह
बह गई है/समा गई है
समुद्र की अतल गहराई में।
मेरी पीढ़ी
शब्दों के अर्थ भले ही न जानती हो
शब्दों से बाहर आती
गर्म लावे सी ऊष्मा को पहचानती है
साथ ही पहचानती है
पसीने की गर्म गंध को भी

जो आषाढ़ की सौंधी गंध से मिलकर
इतिहास रचती है।

मेरी पीढ़ी ने अपने सीने पर
खोल लिया है संघर्ष
जहाँ आँसुओं का सैलाब नहीं
विद्रोह की चिंगारी फूटेगी
जलती झोंपड़ी से उठते धुएँ में
तनी मुट्ठियाँ
तुम्हारे तहखानों में
नया इतिहास रचेंगी।

[अक्टूबर, 1988]

कभी सोचा है

तुम महान् हो,
तुम्हारी जिह्वा से निकला
हर शब्द पवित्र है—
मान बैठा था मैं।

तुमने पढ़ रखी हैं
ढेरों पुस्तकें
आता है दोहराना शब्दों को
बदलना अर्थों को।

सहिष्णुता तुम्हारी पहचान है

वर्ण-व्यवस्था को तुम कहते हो आदर्श
खुश हो जाते हो
साम्यवाद की हार पर

जब टूटता है रूस
तो तुम्हारा सीना 36 हो जाता है
क्योंकि मार्क्सवादियों ने
छिनाल बना दिया है
तुम्हारी संस्कृति को।
हाँ, सचमुच तुम सहिष्णु हो
जब दंगों में मारे जाते हैं
अब्दुल और कासिम
कल्लू और बिरजू
तब तुम सत्यनारायण की कथा सुनते हुए
भूल जाते हो अखबार पढ़ना।

पूजते हो गान्धी के हत्यारे को
तोड़ते हो इबादतगाह झुंड बनाकर।

कभी सोचा है
गन्दे नाले के किनारे बसे
वर्ण-व्यवस्था के मारे लोग
इस तरह क्यों जीते हैं?
तुम पराये क्यों लगते हो उन्हें
कभी सोचा है?

शंबूक का कटा सिर

जब भी मैंने
किसी घने वृक्ष की छाँव में बैठकर
घड़ी भर सुस्ता लेना चाहा
मेरे कानों में
भयानक चीत्कारें गूँजने लगी
जैसे हर एक टहनी पर
लटकी हो असंख्य लाशें
जमीन पर पड़ा हो शंबूक का कटा सिर।
मैं, उठकर भागना चाहता हूँ
शंबूक का सिर मेरा रास्ता रोक लेता है
चीख-चीखकर कहता है—
युगों-युगों से पेड़ पर लटका हूँ
बार-बार राम ने मेरी हत्या की है।

मेरे शब्द पंख कटे पक्षी की तरह
तड़प उठते हैं—
तुम अकेले नहीं मारे गये तपस्वी
यहाँ तो हर रोज मारे जाते हैं असंख्य लोग;
जिनकी सिसकियाँ घुटकर रह जाती हैं।
अँधेरे की काली पर्तों में।

यहाँ गली-गली में
राम है

शंबूक है
द्रोण है

एकलव्य है
फिर भी सब खामोश हैं
कहीं कुछ है
जो बंद कमरों से उठते क्रन्दन को
बाहर नहीं आने देता
कर देता है
रक्त से सनी उँगलियों को महिमा मंडित!

शंबूक, तुम्हारा रक्त जमीन के अन्दर
समा गया है जो किसी भी दिन
फूटकर बाहर आयेगा
ज्वालामुखी बनकर!

[सितम्बर, 1988]

मेरे पुरखे

तुमने कहा—
ब्रह्मा के पाँव से जन्मे शूद्र
और सिर से ब्राह्मण
उन्होंने पलट कर नहीं पूछा—
ब्रह्मा कहाँ से जन्मा?

तुमने कहा—
सेवा ही धर्म है शूद्र का

उन्होंने नहीं पूछा—
बदले में क्या दोगे?

तुम खुश थे—
गुलाम पाकर।

वे भी खुश थे
तुम्हारी खुशी देखकर
सौंपकर अपनी तमाम शक्ति
तुम्हारे हाथों में।

तन पर कपड़े नहीं
पेट में अन्न नहीं
जख्म इतने फिर भी
वे हँसते थे
तुम्हें हँसता देखकर

वे नहीं जानते थे
कवायद करना
लूटना—
निर्बल और असहाय को!

नहीं जानते थे
हत्या करना
वीरता की पहचान है
लूट-खसोट अपराध नहीं
संस्कृति है।

कितने मासूम थे वे
मेरे पुरखे
जो इन्सान थे
लेकिन अछूत थे!

उन्हें डर है

उन्हें डर है
बंजर धरती का सीना चीर कर
अन्न उगा देने वाले साँवले खुरदरे हाथ
उतनी ही दक्षता से जुट जाएँगे
वर्जित क्षेत्र में भी
जहाँ अभी तक लगा था उनके लिए
नो एंट्री का बोर्ड

वे जानते हैं
यह एक जंग है
जहाँ उनकी हार तय है
एक झूठ के रेतीले ढूह की ओट में
खड़े रह कर आखिर कब तक
बचा जा सकता है
बालि के तीक्ष्ण बाणों से

आसमान से बरसते अंगारों में
उनका झुलसना तय है

फिर भी
अपने पुराने तीरों को वे
तेज करने लगे हैं

चौराहों से वे गुजरते हैं
नि:शंक
जानते हैं
सड़कों पर कदम ताल करती
खाकी वर्दी उनकी ही सुरक्षा के लिए तैनात है

आँखों पर काली पट्टी बाँधे
न्यायदेवी जरूरत पड़ने पर दोहराएगी
दसवें मंडल का पुरुषसूक्त

फिर भी,
उन्हें डर है
भविष्य के गर्भ से चीख-चीख कर
बाहर आती हजारों साल की बीभत्सता
जिसे रचा था उनके पुरखों ने
भविष्य निधि की तरह
कहीं उन्हें ही न ले डूबे किसी अँधेरी खाई में
जहाँ से बाहर आने के तमाम रास्ते
स्वयं ही बन्द कर आए थे
सुग्रीव की तरह

वे खड़े हो गए हैं
रास्ता रोक कर
चीख रहे हैं
ऊँची आवाज में
उनके खिलाफ
जो खेतों की मिट्टी की खुशबू से सने हाथों
से खोल रहे हैं दरवाजा
जिसे घेर कर खड़े हैं वे
जिनके सफेद कोट पर खून के धब्बे
कैमरों की तेज रोशनी में भी साफ
दिखाई दे रहे हैं
भीतर मरीजों की कराहटें
घुट कर रह गई हैं
दरवाजे के बाहर
सड़क पर उठते शोर में
उच्चता और योग्यता की तमाम पर्तें
उघड़ने लगी हैं

[15 अप्रैल, 2009]

सत्य की परिभाषा

यातनाओं और साजिशों की
विषैली धुन्ध
फेफड़ों में समेटकर भी

बचे रह गए
सदियों के अवसाद
दुक्ख और सन्ताप।

कुछ साल
कुछ महीने
या कुछ दिन ही सही
संग-साथ रहकर देखो
क्या होता है
जिन्दगी का सत्य।

तभी बता पाओगे सही-सही
जो सत्य है
क्या वही शिव है
और सुन्दर भी।

नर्म त्वचा
नहीं सह पाएगी ज्यादा देर
मक्खियों का भिनभिनाना।

सुअरों की गन्ध
और नालियों में बहती बदबू
जब घुसने लगेगी नासिक रन्ध्रों में
इनकार कर देंगे फेफड़े
साँस लेने से।

अभिजात्यता पर पड़ जाएँगे छींटे
भदेस भाषा के

जिससे बचने के
खोज रखे हैं तुमने
अनेक रास्ते।

तंग गलियों के अँधेरे
भुला देंगे
पवित्र ऋचाओं का पाठ
श्लोक और मन्त्रों का जाप,

सत्य की अनेक परिभाषाएँ
बन्द हैं तुम्हारी पुस्तकों में
अनेक व्याख्याएँ दर्ज हैं
मस्तिष्क के कोष्ठकों में।

कैद कर रखा है तुमने तहखानों में
संस्कृति को
मैं पूछता हूँ—
"संस्कृति क्या तुम्हारी रखैल है?"

वसुधैव कुटुंबकम्

'वसुधैव कुटुंबकम्' की हजारों वर्ष पुरानी
रटंत की ओट में
हर रोज मिलती रही उसे
दुत्कार, फटकार,

सहता रहा प्रताड़ना
बुहारते हुए गालियाँ
आँगन
चौबारे
जोतते हुए जमीन

नंगे बदन
बुनते हुए कपड़ा
तराशते हुए
तुम्हारे पाँव की जूती

अपने लिए वक्त नहीं था
उसके पास
फटी बिवाइयों से रिसते लहू की बूँदों को
पोंछने का

जीते जी
भोगता रहा सिर्फ घृणा
या फिर तुम्हारी आँखों से
बरसती चिंगारी
भरी दुपहर में
जब जिस्म से टपकता था रक्त
पसीने की शक्ल में
वह नहीं कर पाता था बेकारी
और मजूरी में फर्क
भूल चुका था
रंगों की पहचान

होने लगा—
पीले के साथ पीला
नीले के साथ नीला
लाल के साथ लाल

उसके पाँव का स्पर्श पहचानते हैं
सभी खदानें
तालाब, नदी-नाले, समन्दर
पहाड़ और जंगल
फिर वह रहा अजनबी
अनचीन्हा

जिसे गढ़ा छेनी-हथौड़े से
वह पराएपन के साथ खाता रहा
माल-पूरी आँख मूँद कर चुपचाप
बाँटता रहा खुशियाँ
निठल्ले और कामचारों को

सुनता रहा
हर रोज घृणा और द्वेष के मन्त्र

कितना खोखला लगता है शास्त्रीय भाषा का
यह शब्द!

वसुधैव कुटुंबकम्!

[31 मई, 2010]

विरासत

आदि सभ्यता के वंशज आप
धर्म-कर्म-ज्ञान-ध्यान में अग्रणी
लिखा है आपकी पुस्तकों में

बात-बेबात किया अबे-तबे
नाहक पीटा, मारा
लूटा-खसोटा आपने

हम जोत रहे थे खेत
सिल रहे थे फटे जूते
बुहार रहे थे सड़क
घर-आँगन आपके

झुके-झुके हो गई थी
कमर टेढ़ी हमारी

लोहा, लंगड़,
गारा-सीमेंट
ईंट-पत्थर
सभी पर है
स्पर्श हमारा
लगे हैं जो घरों में आपके

फिर भी बना दिया आपने
हमें अछूत और अन्त्यज

भंगी-डोम-चमार
मांग-पासी और महार

छूना भी जिन्हें पाप
हिस्से में जिनके सिर्फ
उपेक्षा और उत्पीड़न
'जाति' कही जाएँ जिनकी नीच
आप बता सकते हैं
यह किस सभ्यता और संस्कृति की देन है?

जाति

देखे हैं यहाँ हर रोज
अलग-अलग चेहरे
रंग-रूप में अलग
बोली-बानी में अलग
नहीं पहचानी जा सकती
उनकी जाति
बिना पूछे!

मैदान में होगा जब जलसा
आदमी से जुड़कर आदमी
जुटेगी भीड़

तब कौन बता पाएगा
भीड़ की जाति

भीड़ की जाति पूछना
वैसा ही है
जैसे नदी के बहाव को रोकना
समन्दर में जाने से

'जाति' आदिम सभ्यता का
नुकीला औजार है
जो सड़क चलते आदमी को
कर देता है छलनी
एक तुम हो
जो अभी तक चिपके हो जाति से

न जाने किस...ने
तुम्हारे गले में
डाल दिया है जाति का फंदा
जो न तुम्हें जीने देता है
न हमें

लुटेरे लूटकर जा चुके हैं
कुछ लूटने की तैयारी में हैं
मैं पूछता हूँ
क्या उनकी 'जाति' तुमसे ऊँची है?

तुम्हारी जात

पेड़ जानता है
दूब हरी हो जाती है बादल के
बरसने पर

दूब भी जानती है
पेड़ पर झुलसे धूल धूसरित पत्ते
चहकने लगते हैं
बारिश की बूँदों में

नये पंख उग आते हैं
पक्षियों की उड़ान में

पक्षी भी जानते हैं
आकाश एक भ्रम है
कहीं नहीं मिलते
धरती और आकाश
पहाड़ों पर नहीं चढ़तीं नदियाँ

लेकिन आदमी है
अपनी ही अकड़ में फँसा
नहीं जानता
धरती के सीने में सुलगता लावा
जब बाहर निकलता है
बंजर बना देता है हरी-भरी धरती को

जहाँ कुछ नहीं उगता
हजार-हजार सदियों तक
फिर भी, आदमी
जी रहा है अपनी ही ऐंठ में
थपथपा रहा है
अपनी ही पीठ

हाथ लम्बा करके
बता रहा है
स्वयं को महान

यह जानते हुए भी
कि पाँव गन्दगी से भरे हैं
हाथ सने हैं लहू से

माथे पर लगा
हजारों साल पुराना चन्दन
सड़ चुका है

वृक्षों ने डर कर
छोड़ दिया है उगना

नदियाँ सूखने लगी हैं
या फिर मुड़ गई हैं
रास्ता बदल कर
तुम्हारी बस्तियों से दूर

वे जानती हैं
तुम कभी नहीं बदलोगे

तुम्हारी जात ही ऐसी है!

[11 मार्च, 2010]

काले दिनों में

विनाशकारी साजिशों के निशान
मौजूद हैं
मेरे सीने और पीठ पर
दे रहे हैं गवाही
अतीत के स्याह दिनों की

शब्दों की कारीगरी से
छिपाओगे जितना
उघड़ेंगे और ज्यादा
दिखाई देगी तुम्हारी क्रूरता

तमाम कलाबाजियाँ जाएँगी व्यर्थ
नहीं ढक पाएँगी
अमावस्या-सी काली रातों को
भयानक शक्ल के देवता भी
नहीं बचा पाएँगे
तुम्हारा वजूद

मेरी आँखों में बसी दहशत
घृणा में बदल रही है
उन धर्म ग्रंथों के विरुद्ध
जो रास्ते में खड़े हैं
कँटीले झाड़-झंखाड़ की तरह
अवरोधक बनकर

गंदे-जर्जर पन्नों की इबारत
मैं नहीं पढ़ पाया
तुम्हारे पाँव की आहटें
पहचान लेता हूँ अच्छी तरह
अँधेरे में भी
तुम्हारे पदाघात सीने को दरकाते हैं
नहीं रहने देते सही सलामत
मेरुदंड भी
टीसता है दर्द पसलियों में
एक-एक शब्द का
जिसे रचा है तुमने
मेरे जिस्म पर काले दिनों में!

सोचने नहीं देते

नहीं, मैं सोच नहीं पाता
उस तरह
जैसे सोच लेते हो तुम।

जब गुनगुनाते हो कोई पंक्ति
किसी प्राचीन ग्रन्थ से
मुझे याद आते हैं
अपने पुरखों के रक्त सने जिस्म
भयातुर चेहरे
बोझ से झुकी देह पर नीले निशान।

मैं जानना चाहता हूँ
अर्थ उन पंक्तियों का
जिन्हें गुनगुनाते हो,
अर्थ नहीं बताते तुम
सिर्फ व्यक्त करते हो शंकाएँ
मेरी जिज्ञासा पर।
उस वक्त, मैं सोच नहीं पाता
उस तरह जैसे सोच लेते हो, तुम
चायघरों में बैठकर
जब करते हो दार्शनिक विवेचन
समाज-व्यवस्था का,
मुझे याद आते हैं बचपन के दिन
जब प्यास लगने पर
खड़ा रहना पड़ता था घंटों
किसी कुएँ या नल के पास।

करनी पड़ी प्रतीक्षा
किसी जन्मना श्रेष्ठ के आने की।

मैं जानता हूँ अच्छी तरह
एक दिन भी पानी न मिले यदि तुम्हें

उठा लेते हो
ज़मीन-आसमान सिर पर।

एक मैं हूँ
जिसकी न जाने कितनी पीढ़ियाँ
रहीं प्यासी बिना पानी
युगों-युगों तक।

जब ऊँचे स्वर में
बात करते हो न्याय-अन्याय की
मुझे याद आते हैं
'आत्मदाह' में झुलसे अबोध युवक-युवतियाँ
जिनकी चीत्कारें मुझे सोचने नहीं देतीं
उस तरह जैसे सोच लेते हो तुम।

आईना

वे पसन्द नहीं करते
'जाति' पर बात करना
क्योंकि वे नहीं हैं
पासी-चमार
भंगी-महार
जबकि वे हर रोज करते हैं

इस्तेमाल
इन जातियों को गाली की तरह

कड़ी मशक्कत और तू-तू, मैं-मैं के बाद
मैंने जुटाया है एक आईना

जिसमें उभरता है बिम्ब
जो उन्हें लगता है बीभत्स
प्रतिशोध से भरा हुआ

जितनी बार भी देखते हैं वे
उतनी ही बार हो जाता है
उनका चेहरा विद्रूप
अमानुषिक दर्प से भरा हुआ

वे फुसफुसाते हैं—
दार्शनिक मुद्रा में
क्रान्ति बोध
और जनतंत्र बोध
खो देते हैं अपना अर्थ

लहूलुहान हैं स्मृतियाँ
जंग लगी बाड़ की खरोंचों से

आम्बेडकर की आदमकद मूर्ति के पास
बैठा मोची चीखता है ऊँची आवाज में
'किस हरामजादे की देन है यह जाति'

आईना धुँधलाने लगा है
जिसे कमीज से पोंछ कर
खड़ा हूँ चौराहे पर
जहाँ से गुजरा है अभी-अभी
एक जुलूस
जिसमें शामिल थे
बिन चेहरों के लोग
जिनके हाथों में चमक रही थीं
तलवारें, त्रिशूल और तमंचे

उनके पीछे चल रहा था एक ट्रक
जिस पर लिखा था—
'इसमें आर.डी.एक्स. भरा है'

इस खूँखार समय में
आर.डी.एक्स. की जगह
हो सकती हैं मूर्तियाँ
जो आस्था के प्रश्न पर
कर दी जाएँगी फिट
अवैध जगहों पर
खून-खराबे के लिए किसी तर्क की
आवश्यकता नहीं होती है

मेरी रक्त शिराओं में
हर रोज घुल रही है दहशत
फिर भी,
मैं बार-बार जोड़ता हूँ

विखंडित शब्दों को
चिंदी-चिंदी उस चदरिया की तरह
जिसे ओढ़कर
कभी निकला था कबीर
बनारस की गलियों में!

जूता

हिकारत भरे शब्द चुभते हैं
त्वचा में
सुई की नोक की तरह
जब वे कहते हैं
साथ चलना है तो कदम बढ़ाओ
जल्दी-जल्दी

जबकि मेरे लिए कदम बढ़ाना
पहाड़ पर चढ़ने जैसा है
मेरे पाँव जख्मी हैं
और जूता काट रहा है

वे फिर कहते हैं
साथ चलना है तो कदम बढ़ाओ
हमारे पीछे-पीछे आओ

मैं कहता हूँ
पाँव में तकलीफ है
चलना दुश्वार है मेरे लिए
जूता काट रहा है

वे चीखते हैं
भाड़ में जाओ
तुम और तुम्हारा जूता
मैं कहना चाहता हूँ—
मैं भाड़ में नहीं
नरक में जीता हूँ
पल-पल मरता हूँ
जूता मुझे काटता है
उसका दर्द भी मैं ही जानता हूँ

तुम्हारी महानता मेरे लिए स्याह अँधेरा है।

वे चमचमाती नक्काशीदार छड़ी से
धकिया कर मुझे
आगे बढ़ जाते हैं

उनका रौद्र रूप—
सौम्यता के आवरण में लिपट कर
दार्शनिक मुद्रा में बदल जाता है
और, मेरा आर्तनाद
सिसकियों में

मैं जानता हूँ
मेरा दर्द तुम्हारे लिए चींटी जैसा
और तुम्हारा अपना दर्द पहाड़ जैसा

इसीलिए, मेरे और तुम्हारे बीच
एक फासला है
जिसे लम्बाई में नहीं
समय से नापा जाएगा।

[10 मार्च, 2006]

तुम्हारी गौरवगाथा

क्यों नहीं फड़कते बाजू मेरे
सुनकर तुम्हारी गौरवगाथा

क्यों लगता है हमेशा
परायापन तुम्हारी संस्कृति से
क्यों उद्वेलित नहीं करते
तुम्हारे अमूर्त भाव।

क्यों नहीं जगातीं आस्था
देवों की पाषाण मूर्तियाँ

जो गढ़ी हैं मैंने ही
छैनी-हथौड़े के सधे वार से।

क्यों नहीं जाग्रत हो जाता देवता
प्राण प्रतिष्ठा के बाद
क्यों रह जाता है जड़
भूख और जुल्म देखकर।

न जाने कितना दूध
बहा दिया तुमने नाली में
भूखे बच्चों से छीन कर
अरे, तुम्हारे इन्हीं कुकर्मों ने हमें
कंगाल ब दिया है।

युग चेतना

मैंने दुःख झेले
सहे कष्ट पीढ़ी-दर-पीढ़ी इतने
फिर भी देख नहीं पाये तुम
मेरे उत्पीड़न को
इसीलिये युग समूचा
लगता है पाखंडी मुझको।

इतिहास यहाँ नकली है
मर्यादाएँ सब झूठी

हत्यारों की रक्तरंजित उँगलियों पर
जैसे चमक रही
सोने की नग जड़ी अंगूठियाँ।

कितने सवाल खड़े हैं
कितनों के दोगे तुम उत्तर
मैं शोषित, पीड़ित हूँ
अन्त नहीं मेरी पीड़ा का
जब तक तुम बैठे हो
काले नाग बने फन फैलाये
मेरी सम्पत्ति पर।

मैं खटता खेतों में
फिर भी भूखा हूँ

निर्माता मैं महलों का
फिर भी निष्कासित हूँ
प्रताड़ित हूँ।

इठलाते हो बलशाली बनकर
तुम मेरी शक्ति पर
फिर भी मैं दीन-हीन जर्जर हूँ
इसीलिए युग समूचा
लगता है पाखंडी मुझको।

[अक्टूबर, 1988]

कुदाल

जब, तुम ऋचाओं को
दोहराते हुए
पवित्र नदियों में
स्नान कर रहे थे
पढ़ रहे थे मन्त्र श्लोक
ऊँची आवाज में
मन्दिर के भीतरी प्रकोष्ठ में।

सुवासित धुएँ के बीच
तम्हारी मांस पेशियाँ
चमक रही थी
विद्युत तरंग-सी।

और, मैं
कीचड़ से लथपथ पाँव लिए
हाथ में थामे कुदाल
धरती के सख्त सीने को
छील रहा था
जीवन बूटी की तलाश में।

गर्म बालू भी
तपती दुपहर में

झुलसा नहीं पाया था
मेरे तलवों को

क्योंकि
तुम्हारी आँखों में
दहकती काली रात के सामने
सभी भय निरापद लगते थे मुझे।

पृथ्वी की समूची ऊर्जा
रक्त शिराओं में समेटकर भी
मैं अपाहिज था
क्योंकि,
जो कुदाल तुमने दी थी
मेरे हाथ में
वह मिट्टी को सोना तो
बना सकती थी
किंतु,
उठ नहीं सकती थी
तुम्हारे विरुद्ध!

[अगस्त, 1987]

झाड़ू वाली

सुबह पाँच बजे
हाथ में थामे झाड़ू
घर से निकल पड़ती है
रामेसरी

लोहे की हाथ गाड़ी धकेलते हुए
खडंग-खड़ांग की कर्कश आवाज
टकराती है
शहर की उनींदी दीवारों से
गुजरती है
सुनसान पड़े चौराहों से
करती हुई ऐलान
जागो!
पूरब दिशा में लाल-लाल सूर्य
उगने वाला है।

नगरपालिका की सुनसान सड़कें
धुँधलकों की जमात में
टिमटिमाते इक्का-दुक्का तारे
कान पर जनेऊ लपेटे
गुनगुनाते स्वर में
श्लोक रटता हुआ पास से गुजरता पंडित
चाय की दुकान के फट्टे पर
चीकट मटमैली चादर में लिपटा ऊँघता नौकर

भट्ठी के पास लेटा कुनमुनाता झबरा कुत्ता
चौकते हैं
पास से गुजरती
लोहे की हाथ गाड़ी की आवाज़ पर
कोसते हैं जी भर कर।

रामेसरी के हाथ में थमी बाँस की मोटी झाड़ू
सड़क के उबड़-खाबड़ सीने पर

श्च-श्च की ध्वनि से तैरती है
उड़ाती है धूल का गुबार।
धूल : जो सैकड़ों वर्षों से
जम रही है पर्त-दर-पर्त
फेफड़ों में रामेसरी के
रंग रही है श्वास नली को
चिमनी-सा
कारखाने से उठते धुएँ-सा

सब कुछ मिलाकर
एक खाका उभरता है
जो जिन्दगी की क्रूरता का नमूना है
जिसमें छोटे-छोटे बच्चों का
अनवरत सिलसिला है
जिन्हें लील जाती है
गन्दगी से उठती दुर्गन्ध
और, वे न जाने कब बड़े होकर
गन्दगी के इस शहर में दुर्गन्ध बन जाते हैं।
फिर एक दिन, जब
रामेसरी की खुरदरी हथेली हो जाती है असमर्थ
हाथ गाड़ी को धकेलने में
छोटे-छोटे हाथ

सड़क तक लाते हैं
धकेलकर गाड़ी को,
बदले में पाकर असंख्य जख्म भी
खामोश रह जाते हैं
ढोते हैं

जिन्दगी का भार उसी तरह
जैसे ढोते रहे हैं इनके पुरखे
चेहरे पर कुछ लकीरें हैं
जो वक्त ने उकेरी है।

साल-दर-साल गुजरते हैं
दीवारों पर चिपके चुनावी पोस्टर
मुँह चिढ़ाते हैं।
जब तक रामेसरी के हाथ में
खड़ांग-खांग घिसटती लौह गाड़ी है
मेरे देश का लोकतंत्र
एक गाली है!

[सितम्बर, 1988]

घृणा और प्रेम कहाँ से शुरू होते हैं

याद करो,
उस माँ का चेहरा
जिसका बेटा सरेआम पीटा गया
निर्ममता से
जिसने चाहा था करना दोस्ती
जंगल के फूलों
और नदी की लहरों से

याद करो,
उस बेटे का चेहरा
जिसके सामने फेंक दिये हों
नोचक्र-नोचकर
उसकी माँ के वस्त्र

याद करो,
उस बूढ़े बाप का चेहरा
जिसने खेत जोता दिन-भर
काटी फसल
बुहारा आँगन
मिली गालियाँ-दुत्कार जिसे
कठिन श्रम के बदले,
जिसकी बढ़ती बेटी के जिस्म पर
टिक जाती हैं गिद्ध नजरें
याद करो उस बाप का चेहरा

याद करो,
उस सरकारी क्लर्क का चेहरा
जिसे पानी पिलाने से कतराता है
चपरासी

इन सबके बावजूद भी
तुम नहीं जानना चाहते
घृणा और प्रेम कहाँ से शुरू होते हैं?

अस्थि-विसर्जन

जब भी चाहा छूना
मन्दिर के गर्भ-गृह में
किसी पत्थर को
या उकेरे गए भित्ति-चित्रों को

हर बार कसमसाया हथौड़े का एहसास
हथेली में
जाग उठी उँगलियों के उद्गम पर
उभरी गाँठें

जब भी नहाने गए गंगा
हर की पौड़ी
हर बार लगा जैसे लगा रहे हैं डुबकी
बरसाती नाले में
जहाँ तेज धारा के नीचे
रेत नहीं
रपटीले पत्थर हैं
जो पाँव टिकने नहीं देते

मुश्किल होता है
टिके रहना धारा के विरुद्ध
जैसे खड़े रहना दहकते अंगारों पर

पाँव तले आ जाती हैं
मुर्दों की हड्डियाँ

जो बिखरी पड़ी हैं पत्थरों के इर्द-गिर्द
गहरे तल में
ये हड्डियाँ जो लड़ी थीं कभी
हवा और भाषा से
संस्कारों और व्यवहारों से
और, फिर एक दिन बहा दी गई गंगा में
पंडे की अस्पष्ट बुदबुदाहट के साथ
(कुछ लोग इस बुदबुदाहट को संस्कृत कहते हैं)
ये अस्थियाँ धारा के नीचे लेटे-लेटे
सहलाती हैं तलवों को
खौफनाक तरीके से

इसलिए तय कर लिया है मैंने
नहीं नहाऊँगा ऐसी किसी गंगा में
जहाँ पंडे की गिद्ध नजरें गड़ी हों
अस्थियों के बीच रखे सिक्कों
और दक्षिणा के रुपयों पर
विसर्जन से पहले ही झपट्टा मारने के लिए बाज की तरह!

[1 मई, 2005]

विध्वंस बनकर खड़ी होगी नफरत

तुमने बना लिया
जिस नफरत को अपना कवच

विध्वंस बनकर खड़ी होगी रूबरू एक दिन

तब नहीं बचेंगी शेष
आले में सहेजकर रखी बासी रोटियाँ
पूजाघरों में
अगरबत्तियाँ धूप और नैवेद्य
नहीं सुन पाओगे
बच्चों का खिलखिलाना
चिड़ियों का चहचहाना

बन जाएगा फाँसी का फन्दा
गले में लिपटा कच्चा धागा

ढूँढ़ लो कोई ऐसा शंख
जिसकी ध्वनि पी सके इस जहर को
या फिर कोई मणि
जो बचा सके
नागिन-सी फुफकारती नफरत से

विध्वंस बनकर खड़ी होगी
एक दिन यह नफरत
तुम्हारे दरवाजे पर
जहाँ तुमने उकेर रखे हैं शुभ चिन्ह
अपशकुन से बचने के लिए!

रोशनी के उस पार

रोशनी के उस पार
खुली चौड़ी सड़क से दूर
शहर के पश्चिम किनारे
गन्दे नाले के पास
जहाँ हवा बोझिल है
और मकान छोटे परस्पर सटे हुए

पतली वक्र-रेखाओं सी गलियाँ
जहाँ खो जाती हैं चुपचाप

बन जाती हैं
सपनों की कब्रगाह
भूख की अँधेरी गुफाएँ
नंगे घूमते बच्चों की आँखों में

अँधेरे-उजालों के बीच
गुप्त-सन्धि के बाद
गली के खम्भों पर रोशनी नहीं उगती
पानी नहीं आता नल में
सूँ-सूँ की आवाज के बाद भी

रह जाती है सीमित
अखबार की सुर्खियों तक
विश्व बैंक की धन राशि
रोशनी के उस पार
जहाँ आदमी मात्र एक यूनिट है

राशन कार्ड पर चढ़ी हुई
या फिर कागज का एक टुकड़ा
जिसे मत पेटी में डालते ही
हो जाता है वह अपाहिज
और अभिशप्त भी

रोशनी के उस पार
जहाँ सूरज डूबता है हर रोज
कभी उगता नहीं
भूले-भटके भी
जहाँ रात की स्याही
दबोच लेती है
कालिख बनकर
परस्पर सटे और
अँधेरे में डूबे
मकानों को
और,
लील जाती है
कुनमुनाते सपनों को
किसी अजगर की तरह!

भय

तुम्हारे हाथ बढ़े होते
मेरी ओर

प्रेम गन्ध का स्पर्श लेकर
सच कहता हूँ
मैं सीने से नहीं
लिपट जाता तुम्हारे कदमों से
बिछ जाता
धूल बनकर ज़मीन पर।

बिछा तो अब भी हूँ—

प्रेम की आसक्ति पर नहीं
तुम्हारे खूनी पंजों से डर कर!

ज्वालामुखी

सदियों से पीड़ित,
दलित
मेरा हृदय बन गया है—
ज्वालामुखी
फट पड़ने को लालायित
भीतर ही भीतर
मुझे हिला रहा है।

बाँहे फड़कती हैं
जिह्वा मचलती है

प्रगति अवरुद्ध
जाति-व्यवस्था के बंधन में।
अतीत शोषित, प्रताड़ित
इतिहास गहन अंधकार में डूब गया है।

पूर्वजों के शौर्य
पराक्रम से रंगे पृष्ठों को
धर्मभीरुता की दीमक
चाट गई है।
शेष बचा यदि कुछ—
मेरा अस्पृश्य शरीर
गन्दे कूड़ेदान-सी बास
शहर, गाँव, बस्ती से बाहर मेरा डेरा
अतीत का राग अलाप रहा है।

बदन पर जगह-जगह
पानी पानी जैसा मेरा खून
सड़कों पर
गलियों में
खेत-खलिहानों में
कहीं आग से जलते झोपड़ों में
निःसहाय कराह रहा है।

ऊँची-ऊँची अट्टालिकाओं के कहकहे
सफेदपोश नेताओं के भाषण
चौराहे पर गांधी का पुतला
गलियों में

समाजवाद का नारा
मेरा मन बहला रहा है।

सूर्य की एक किरण
घने बादलों के बीच चमक कर
मुझे जगा गई है
मेरे हाथों की शक्ति
सहनशीलता, फौलादी दृढ़ता
हिला देगी जाति-व्यवस्था को।

बहुत हो चुका
शोषण,
प्रताड़ना
और उपेक्षा
बस, अब मेरा ज्वालामुखी फट पड़ेगा।

[मई, 1975]

वे भूखे हैं

वे भूखे हैं
पर आदमी का मांस नहीं खाते
प्यासे हैं
पर लहू नहीं पीते

नंगे हैं
पर दूसरों को नंगा नहीं करते
उनके सिर पर
छत नहीं है
पर दूसरों के लिए
छत बनाते हैं।

एक और युद्ध

जब-जब भी तुम कोशिश करते हो
आदमी बनने की
वे चौकन्ने होकर
लग जाते हैं तैयारी में
एक और युद्ध की

सीधे खड़े होकर
आसमान की ओर ताकना
उन्हें गवारा नहीं

वे नहीं चाहते तुम वह सब करो
जो किया था निषेध तुम्हारे लिए
उनके पुरखों ने

वे हँसते हैं
तुम्हारे बोलने के ढंग पर

वे चिढ़ते हैं
तुम्हारे गुनगुनाने पर

वे सख्त नाराज हैं
तुम्हारी बेबाक अभिव्यक्ति पर

वे बेहद खुश हैं
उस आदमी से
जो खड़ा है सिर झुकाए
उनकी भीड़ में
जिसे जब चाहें
करते हैं इस्तेमाल
निर्जीव, जड़ पदार्थ की तरह

तुम्हारे बच्चों का नंगापन
उन्हें अश्लील नहीं लगता
बुरा भी नहीं लगता
तुम्हारी स्त्रियों के अंगों को
गाली की तरह प्रयोग करना

बुरा लगता है उन्हें
जब तुम उनकी गाली को
अपनी भाषा में
इस्तेमाल कर उछालते हो
पत्थर की तरह

उनकी ओर विरोध में
उनके साफ-सुथरे घरों में
तुम्हारा प्रवेश निषेध है

तुम्हारे चेहरों की खुशी में
उन्हें अपनी हार दीख पड़ती है
उनके जहरीले पंजे गड़ जाते हैं
तुम्हारे जिस्म में

नदी-नाले रक्त से भरे
सींचते हैं उनके खेत
दर्द से कराहती है धरती
हवा में नहीं गूँजता संगीत
बास आती है
लाशों के सड़ने की

जंगली भेड़िये पढ़ रहे हैं
धर्म शास्त्र
रच रहे हैं
निषेधात्मक नियम
उपनियम और धाराएँ
बदल रहे हैं अर्थ अपने अनुसार

ऐसे माहौल में
तुम जब भी करते हो कोशिश
आदमी बनने की

वे लग जाते हैं तैयारी में
एक और युद्ध की!

अच्छे लगते हैं

अच्छी लगती है चिड़िया
और उसका चहचहाना
उससे भी ज्यादा अच्छा लगता है
बच्चों का खिलदंड पन
और उनकी शरारतें।

आकर्षित करती हैं नदियाँ
उनका बहता पानी
उससे भी ज्यादा खींचता है अपनी ओर
चप्पू चलाता मल्लाह
उसके जिस्म से टपकता पसीना।

अच्छे लगते हैं पहाड़
और बर्फ से ढकी चोटियाँ
उससे भी ज्यादा अच्छे लगते हैं
स्याह परछाईं गहरी होने से पहले
घर लौटते,
थके-माँदे पहाड़वासी
और उनके खच्चर
हो जाते हैं पाँव

जिनके सख्त
ढोते हुए पहाड़ की पगडंडियाँ।

अच्छा लगता है समन्दर
उमड़-घुमड़कर बरसते बादल
उससे भी ज्यादा अच्छे लगते हैं
वे लोग जो खटते हैं रात-दिन
खेतों में
मौसम से लड़ते हुए।

अच्छे लगते हैं पेड़
और उनका हरापन
उससे भी ज्यादा अच्छे लगते हैं
हँसते, खिलखिलाते वे लोग
जो नफरत नहीं करते
आदमी से
सपने में भी!

सदियों का सन्ताप

दोस्तों,
बीता दिये हमने हज़ारों वर्ष
इस इन्तज़ार में
कि भयानक त्रासदी का युग
अधबनी इमारत के मलबे में

दबा दिया जायेगा किसी दिन
ज़हरीले पंजों समेत।
फिर हम सब
एक जगह खड़े होकर
हथेलियों पर उतार सकेंगे
एक-एक सूर्य
जो हमारी रक्त शिराओं में
हजारों परमाणु क्षमताओं की ऊर्जा
समाहित करके
धरती को अभिशाप से मुक्त करायेगा!

इसीलिए, हमने अपनी समूची घृणा को
पारदर्शी पत्तों में लपेटकर
ठूँठे वृक्ष की नंगी टहनियों पर
टांग दिया है
ताकि आने वाले समय में
ताजे लहू से महकती सड़कों पर

नंगे पाँव दौड़ते
सख्त चेहरों वाले साँवले बच्चे
देख सकें
कर सकें प्यार
दुश्मनों के बच्चों से
अतीत की गहनतम् पीड़ा को भूलकर।

हमने अपनी उँगलियों के किनारों पर
दुःस्वप्न की आँच को

असंख्य बार सहा है
ताजा चुभी फाँस की तरह
और अपने ही घरों में
संकीर्ण पतली गलियों में
कुनमुनाती गन्दगी से
टखनों तक सने पाँव में
सुना है
दहाड़ती आवाजों को
किसी चीख़ की मानिंद
जो हमारे हृदय से
मस्तिष्क तक का सफर तय करने में
थक कर सो गई है।

दोस्तों,
इस चीख़ को जगाकर पूछो
कि अभी और कितने दिन
इसी तरह गुमसुम रहकर
सदियों का सन्ताप सहना है!

[जनवरी, 1989]

शब्द झूठ नहीं बोलते

मेरा विश्वास है
तुम्हारी तमाम कोशिशों के बाद भी

शब्द जिन्दा रहेंगे
समय की सीढ़ियों पर
अपने पाँव के निशान
गोदने के लिए
बदल देने के लिए
हवाओं का रुख

स्वर्णमंडित सिंहासन पर
आध्यात्मिक प्रवचनों में
या फिर संसद के गलियारों में
अखबारों की बदलती प्रतिबद्धताओं में
टीवी और सिनेमा की कल्पनाओं में
कसमसाता शब्द
जब आएगा बाहर
मुक्त होकर
सुनाई पड़ेंगे असंख्य धमाके
विखंडित होकर
फिर-फिर जुड़ने के

बन्द कमरों में भले ही
न सुनाई पड़े
शब्द के चारों ओर कसी
साँकल के टूटने की आवाज
खेत-खलिहान
कच्चे घर
बाढ़ में डूबती फसलें
आत्महत्या करते किसान

उत्पीड़ित जनों की सिसकियों में
फिर भी शब्द की चीख
गूँजती रहती है हर वक्त

गहरी नींद में सोए
अलसाए भी जाग जाते हैं
जब शब्द आग बन कर
उतरता है उनकी साँसों में

मौज-मस्ती में डूबे लोग
सहम जाते हैं

थके-हारे मजदूरों की फुसफुसाहटों में
बामन की दुत्कार सहते
दो घूँट पानी के लिए मिन्नतें करते
पीड़ित जनों की आह में
जिन्दा रहते हैं शब्द
जो कभी नहीं मरते
खड़े रहते हैं
सच को सच कहने के लिए

क्योंकि,
शब्द कभी झूठ नहीं बोलते!

[4 मई, 2011]

दीया

कच्चे घर में
जलते दीये की रोशनी पर
कब्जा करके बैठ गये हो तुम।

लौ के ठीक ऊपर काला धुआँ है
जो पर्त-दर-पर्त
कालिख पोत रहा है
दीवार पर,
नीचे गहरा अँधेरा है
जिसमें दीपदान को पकड़े खड़ा हूँ मैं
हज़ार-हज़ार वर्षों से अनवरत।

मेरी पिंडलियों
और भुजाओं के मांस से बनी है बाती
हड्डियों को निचोड़कर
निकाला गया है तेल।

अँधेरे में,
कालिख पुता मेरा जिस्म
जिसे तुमने अपवित्र
घोषित कर दिया

तिल-तिल जल रहा है
तुम्हें रोशनी देने के लिए।
किन्तु इतना याद रखो

जिस रोज इनकार कर दिया
दीया बनने से
मेरे जिस्म ने
अँधेरे में खो जाओगे
हमेशा-हमेशा के लिए।

[फरवरी, 1989]

मौत का चेहरा

घूमना चाहता हूँ
भयरहित
देवताओं की बस्ती में

जहाँ हर जगह भीड़ लगाए
खड़े हैं देवता-पुत्र
चीख रहे हैं
आग्नेय भाषा में

हरे पेड़ सूखने लगे हैं
घट गई है संख्या चिड़ियों की
बादलों ने भी
बदल लिया है रास्ता
जलने लगी है त्वचा
सूरज की तपिश से

जब से दाखिल हुआ हूँ मैं
देवताओं की बस्ती में
बहुत तीव्रता से दौड़ने लगा है रक्त
मेरी धमनियों और शिराओं में

यह खतरनाक है
किसी भी क्षण
हो सकती है मौत

देवताओ!
कभी देखा है तुमने
मौत का चेहरा?

चक्रवात

जहाँ खड़े हो
वहीं खड़े रहो
सीधे तन कर
या जिस काम में लगे हो
उसे पूरा कर लेने के बाद
बचा कर रखो
कुछ पल
तन कर सीधा खड़े रहने के लिए

खींचो एक लम्बी साँस
और फिर छोड़ो उतनी ही

करो महसूस
वर्तमान की तमाम तल्खियों को
और अतीत के उन दिनों को
जो बाप-दादों के अनुभवों में
आज भी जिन्दा है
सिसकियाँ और घुटन बन कर
जिन्हें महसूस करने से भी तुम कतराते हो

एक बेचैनी है
तुम्हारी साँसों में
जिसे चाह कर भी तुम छिपा नहीं पाते हो
तुम्हारे पीछे दौड़ रहा है
अतीत का भयानक चक्रवात
जो कभी भी मिटा देगा
वर्तमान के उजाले को
एक धर्मांध आक्रमणकारी की तरह

जिसके पास खतरनाक विस्फोटक हैं
साथ ही कुछ आकर्षक शब्द भी
जो और भी ज्यादा मारक हैं
तुम घिर चुके हो
पूरी तरह
इस चक्रवात में

क्रूर हमलावर ताक में है
तुम्हें पालतू बना कर दरवाजे पर
बाँधने के लिए
इसलिए, सीधे तनकर खड़े हो जाओ
और खींचो एक लम्बी साँस
पहचानो विषैली गंध को—
जिसने कभी जीने नहीं दिया तुम्हारे पुरखों को
एक इनसान की तरह
जो तुम्हें फिर से खींच रही है
अपनी ओर बर्बरता के साथ!

[18 अक्टूबर, 2010]

इतिहास

मेरी स्मृतियों में
राक्षस नहीं
डरावने देवता हैं
जो चैन से
सोने नहीं देते मुझे

हर एक दिन
बलि चढ़ता है
देवताओं के थान पर

फूटती है रक्तधार
मेरी रक्त शिराओं से

फिर भी बचा है अभी तक
मेरा वजूद
टूटे-फूटे मिट्टी के बर्तनों की शक्ल में
जो दबे पड़े हैं
खँडहरों के नीचे
इतिहास बन कर

जितना खोदोगे
उतना गहरे पाओगे मुझे

जितना तोड़ोगे
ढहाओगे
जलाओगे
फिर भी बचा रह जाऊँगा
फैल जाऊँगा चारों ओर
हवा में उड़ती राख की तरह

राख बनेगी मिट्टी
मिट्टी से उपजेगा पौधा
पौधे से बनेगा पेड़

पेड़ की डगालें
जब हिलेंगी
भय से थरथराओगे तुम

दोहराओगे मन्त्र
फिर भी,
रह जाओगे निपट अकेले

असहाय, देवताविहीन!

दहशत

रोशनी का कतरा
दुबक गया है छिटककर
किले की ओट में
जहाँ सीना ताने खड़ा है अँधेरा
मखमली लिबास में

और हम
अँधेरे में गूँजती चीत्कारों से
भयभीत अचकचाए
निर्जीव बोझ उठाए
खड़े हैं गुफा द्वार पर

बारिश में भीगती
हमारी त्वचा और रक्त शिराएँ
भूल जाती हैं
मौसम का एहसास

टीसता है युग

कुटिल ऐतिहासिक प्रपंच
छलते हैं
लाख चाहती है बोलना सच
धर्म ग्रंथों की संकीर्णताएँ
देखने नहीं देतीं
सुबह की रोशनी
जिसके लिए जोहते हैं बाट हम

पागलपन के दौर में
हर सुबह आती है
छतरी की तरह सिर पर ताने
परस्पर कलह
जो बदल रही है राष्ट्रीयता में

और अधिक सुदृढ़ हो गया है
अँधेरे का किला
तैनात है बन्दूकधारी द्वार पर।

लावा

भीतर एक बेचैनी है
धूप-सी दहकती हुई

जिसे मैं दुख कहना भी चाहूँ
तो भी कह नहीं पाता हूँ

दुख तो पुरानी बँधी किताबों-सा
बन्द पड़ा है
एक कोने में

जड़ से उखड़कर जब गिरता है
कोई पेड़ बिना आहट के
तब और ज्यादा बढ़ जाती है
मेरी बेचैनी

रोशनी का होना
या न होना
कोई मायने नहीं रखता
जब भुला चुके होते हैं देखना
चीजों को
उनके उसी रूप में
जैसे वे जन्मी थीं

बौद्धिक परिष्कृत भाषा में
समझाते हैं कुछ लोग
मेरे होने या न होने का अर्थ

देखते हैं सन्देह से
मेरी हर एक हरकत को
सूक्ष्मदर्शी यंत्र से

मैं बेचैन हूँ
क्यों नहीं उगता ज्वालामुखी
मेरी हथेली पर
क्यों नहीं फूट पड़ता
उबलता लावा मेरे सीने से

हर रोज लड़ना पड़ता है
निहत्थे ही गुप-चुप युद्धों से!

वे नहीं जानते

हाथ में लिये झाड़ू
और टूटा-फूटा कनस्तर
सुबह मुँह अँधेरे
घर से निकलती माँ को देखकर
कभी नहीं रोया बच्चा
डरा नहीं अकेले घर में
अँधेरे कोने से
या गली में गुर्राते कुत्ते से।

सूखे स्तन में
नहीं अकुलाती दूध की गंगा।

गली-मुहल्लों की गन्दगी ढोते ढोते
भूल जाती है माँ

पीछे छोड़ आई दो मासूम आँखों को
जो टकटकी लगाए
देख रही हैं राह
उसके लौट आने की।

शहर की खूबसूरत वादियों में
धब्बों की तरह
किलबिलाते हैं हजारों माँ-बेटे
जिनकी पीड़ा का उच्छ्वास
बन्दूक की गोली से निकलते धुएँ में
डूबी चीख-सा
निस्पृह मुद्रा में
बेबस पड़ा है
गन्दे नाले के किनारे।

शहर लगातार
अपनी ऊँचाइयाँ नाप रहा है
काली सपाट सड़कों पर
चमचमाती गाड़ियाँ तीव्र गति से
दौड़ रही हैं।

इन्द्रेश नगर, चुक्खुवाला
छबील बाग, चन्दन नगर
डी.एल. रोड,
बसे असंख्य माँ-बेटे
बेखबर हैं दुनिया की गति से।

बेखबर हैं
गली में चिपके पोस्टर से।

पोस्टर : जिसे बनना चाहिए था
चेतना का संवाहक
हो गए हैं
बताने में असमर्थ
कि माँ-बेटे दोनों
किसी एक बिन्दु पर
एक जैसे क्यों हैं
ध्रुव तारे की तरह अडिग
जहाँ समय की सभी सीमाएँ
बौनी हो गई हैं।

माँ-बेटे को नहीं पता
इन्द्रेश नगर में
मकान इतने छोटे और सँकरे क्यों हैं
क्यों है इतना अन्तर
छबील बाग के गन्धयाते मकानों
और नया डालनवाला की आलीशान कोठियों में।

पल्टन बाजार की जगमगाती
रोशनी में
क्यों रामकली की बिटिया
डरी-डरी-सी खरीदती है
माथे की टिकुली और लिपस्टिक।

शहर के बीचों-बीच
सड़क के किनारे
खड़े दो जिबली के खम्भे
और उनके बीच में
थकी-हारी हाथ-गाड़ी
रात होते ही
क्यों झोंपड़ी में बदल जाती है।

वे नहीं जानते,
दून स्कूल और नगर पालिका के विद्यालय
एक-जैसे क्यों नहीं हैं
गान्धी इंटर कॉलेज की कक्षाओं में
टूटा-फूटा फर्नीचर
और हवा में झूलता बिजली का लट्टू
किस शिक्षा-प्रणाली का प्रतीक है।

शायद यह शहर
ये सब बताने में असमर्थ है
इसीलिए तो,
माँ बेटे की भाषा में संवादहीनता है,
सिर्फ एक खुरदरा स्पर्श है
जो आशा की किरण जगाता है
जिन्दगी की जिजीविषा में।

वरना इन्द्रेश नगर
चुक्खुवाले की तंग
आड़ी-तिरछी,

ऊँची-नीची गलियों में
दम तोड़ता लोकतंत्र
समूचे कोलाहल को लीलकर
समवेत स्वर में
चीखने नहीं देता।

रिस्पना और बिन्दाल का सूखा
पथरीला पाट
समय की गवाही देना भूल चुका है।

माँ बेटे
दोनों ही अभिशप्त और पराजित हैं
दोनों की आँखों में
उभरते हैं कुछ सवाल
जो उसी क्षण मर जाते हैं
खामोशी के साथ।

सवाल : जिन्हें होना चाहिए था
इस सदी का ज्वालामुखी,
खड़ा होना चाहिए था
रक्त-रंजित सड़कों पर
बेबसी और कायरता की जंजीरें तोड़कर।

कितनी सहन शक्ति!
कितना धैर्य!
युगों-युगों से दारिद्रय की विभीषिका में
गुम होती पीढ़ियाँ
मटमैले धुएँ में

अपनी हथेलियों पर सिर टिकाए
बैठी हैं।

बस, फर्क है यदि कुछ तो इतना
कि उनके श्रम का मूल्य
तो इतना
शहर बढ़ती ऊँचाई के साथ
घट रहा है
गिन रहा है साँसें
कन्धों से तलवों तक
फिसलता पसीना
तंग गलियों में।

इसीलिए तो,
सुबह घर से निकलती माँ
और शाम को निढाल-थकी
अँधेरे में घर लौटती स्त्री
एक-सी दिखाई पड़ती है।

शहर में डुग्गी पिटती है
पूरे देश की तरह
यहाँ भी लोकतंत्र है
जिसमें सभी को जीने का पूरा हक है
यह अलग बात है
कुछ लोग पैदा होते ही लखपति हैं
और कुछ तमाम उम्र नहीं देख पाते
एक हजार रुपये एक़ साथ।

शहर की सड़कें
धीरे-धीरे गलियों में तब्दील हो रही हैं
और गलियाँ पगडंडियों में
जिन्हें वहशीयत के पाँव तले
रौंद दिया जाएगा
खतरनाक इरादों के साथ।

उस वक्त,
माँ-बेटे की चीखें
ठंडे चूल्हे में
दुबक कर बैठ जाएँगी,
और शहर का लोकतंत्र
राजधानी जाकर
गणतंत्र दिवस पर
जश्न मना रहा होगा।

कितना खोखला है
यह सब!
और कितना घृणित भी!

जब हरियाली आँखों में चुभने लगे
साँझ होते ही,
गन्दे नाले में, बहते पानी से
दुर्गन्ध उठकर
दरवाजों पर दस्तक देने लगे
माँगने लगे
माँ-बेटे से बचा-खुचा रक्त भी!

रक्त : जिसे फूट पड़ना चाहिए था
विस्फोट की तरह
चारों ओर फैलते
जहरीले धुएँ के खिलाफ
और,
जिसकी समूची ऊष्मा सोखकर
यह शहर जोंक की तरह फूल रहा है।

चारों ओर से घेराबन्दी करके
रोक रखा है आदमी को
और फिर किसी रोज अचानक
निकाल दिया जाएगा
उसकी भाषा से
आज़ादी का अर्थ
भुला दिया जाएगा
जिन्दा और मुर्दा लाशों का अन्तर।
इतिहास खामोश है
खामोश है
पहाड़ों से टकराती ताजा हवाएँ भी
जो इन बस्तियों से निकल जाती हैं
चुपके-चुपके
किसी अभिजात्य नेता की तरह।

फैला हुआ है
चारों ओर साँवला धुआँ।

धुआँ : जिसकी छाया में
माँ-बेटे

अपने जिस्म का मांस-मज्जा
मेरुदंड
आग में झोंक कर धुँधया रहे हैं
चूने-भट्ठों की शक्ल में।

✖

संस्कृति बनाम सेक्स

कितना दुश्वार है
भ्रम के बीच जीना
एक इनसान की तरह
जब खुलेआम एक ही मंच पर
चीख-चीख कर बजा रहे हो
नगाड़े
सेक्स और संस्कृति के
सफेद और पीले वस्त्रों से ढके
चमचमाते चेहरे

कमंडल में छिपी ऋचाएँ
बुन रही हैं महीन धागों का अदृश्य
जाल
जिसमें फँस कर
भूल जाएँगे
धमाकों का शोर

झुलसते शहर का
चीत्कार भरा रुदन

भय के साथ जीता है
हर एक बाशिंदा जहाँ
और पंचसितारा होटल के जश्न में
थक कर सो जाती है तार-तार होती
नर्तकी
बार बालाएँ
लो फिर आ गए हैं
संस्कृति के रखवाले
सेक्स स्वामी से
गलबहियाँ करते हुए
नये नारों और नये चेहरों के साथ!

निठल्लों और मुफ्तखोरों का मजमा
फिर से जुटा है
अड़ कर खड़ा है बीच चौराहे पर
नंग-धड़ंग
पूरी बेहयाई से
अपनी पेशवाई के साथ

आँखों में उतर आया है
धर्मांधता का मोतियाबिंद
जो देखने नहीं देता
उतना साफ
जितना हम देखना चाहते हैं

निठल्लों की जारज संतानें
धौंस देने लगी है
अपनी नंगई पर उन्हें गर्व है

सड़क पर चलती
स्त्री भयभीत है
उसे यकीन ही नहीं
सामने से आ रहा है
कोई पुरुष
या फिर
कोई उन्मादित साँड़
संस्कृति का ढोल
और जोर-जोर से बजने लगा है
जिसके शोर में
हो गया है जीना दुश्वार
एक भूखे और बेरोजगार इनसान के लिए!

[19 मार्च, 2010]

धर्म के भाई लोग

हर एक गली में
चक्कर काट रहे हैं भाई लोग।

जब से,
शहर के बड़े ग्राउंड में
लगा है पंडाल
भाई लोगों की आमद बढ़ गई है।

बदल-सी गई है
शहर की आबोहवा
जिसे देख कर घबराहट होती है।

सधे कदमों से
चहलकदमी करने वाले भी
पीछे मुड़-मुड़ कर देखते हैं
चौंकते हैं
आने वाली हर एक पदचाप पर

सुना है शहर में डेरा डाल कर
बैठ गए हैं धर्म के भाई लोग
जिनके शालीन चेहरे
देख कर कोई नहीं कह सकता
उनकी मंशा क्या है?
उनके मुँह और बगल में क्या छिपा है?

फिर भी,
चारों तरफ अजीब सन्नाटा है
सुबह और साँझ के चेहरे
उदास हैं
जब से सुना है

शहर में डेरा डाल कर बैठ गए हैं
धर्म के भाई लोग!

[9 अक्टूबर, 2010]

जहर

मेरे इर्द-गिर्द एक भीड़ है
जिसमें चेहरे हैं
धूप से झुलसे हुए

जिनकी हथेलियों में
पड़ गई हैं गाँठें
जबान पर चिपकी है दहशत
फिर भी
देखते हैं सपना
रात-दिन
जिन्दा रहने का

उनके भीतर भरा है जहर
जिसे बचाकर रखा है
उन दिनों के लिए
जब मना कर देंगी
रक्त वाहिनियाँ

जुनून ढोने से
गर्म उबाल का

तब उस जहर को
रक्त शिराओं में उड़ेलकर
भूल जाएँगे वे
धूप से झुलसी
त्वचा का रंग
हथेलियों में उभरी गाँठों का दर्द

बाहर कर देंगे
शब्दकोश से
धर्म सूत्रों की साजिशें
महान ग्रंथों में रची घृणाएँ

जानना चाहेंगे वे
जीवन के तमाम स्वाद
जो कभी नहीं आए
हिस्से में उनके
हजारों साल से!

पुराना दोस्त

एक अरसे बाद मिला था
उस दोस्त से

जिसने कभी मेरी कविताएँ पढ़ कर कहा था—
कविता में अश्लीलता है
क्या लिखते हो यह सब

उसकी प्रतिक्रिया मेरे लिए नई नहीं थी
फिर भी मैंने पूछ ही लिया था
अश्लीलता का अर्थ

इधर-उधर देखने के बाद जो भी उसने कहा
उससे कोई स्पष्ट खाका नहीं बना था

मेरा वह दोस्त बिना बात पूरी किये
क्रोधित होकर चला गया था

आज अचानक वर्षों बाद सामने देख कर
मैंने पूछ ही लिया
क्या चल रहा है आजकल?

उसने उनके से कहा—
ऐश हो रही है
राजधानी में चार-चार फ्लैट हैं
अच्छा धंधा चल रहा है
जल्दी ही एक बार-रूम खोलने की तैयारी में लगा हूँ

तुम बताओ
अभी भी वहीं अटके हो
या कुछ आगे बढ़े हो

घर-वर बना लिया है
या अभी भी धक्के खा रहे हो

मेरी मानो
दुनिया की छोड़ो
अपने बारे में सोचो
अपनी जिन्दगी का फलसफा बदलो

ठीक कहते हो
यह दुनिया आप जैसे लोगों से ही तो चल रही है

खैर छोड़ो,
किस तरफ जा रहे हो?

बस जरा मन्दिर तक

उसके चेहरे पर जैसे
विजय दर्प उग आया था
जिसकी नि:शब्द छाया में
पराजय की कँटीली झाड़ियाँ
उगने लगी थीं

दोनों वक्त जाता हूँ
बहुत शान्ति मिलती है
उसने गर्वित मुद्रा में कहा था

मुझे लगा
इन दोनों में गहरा रिश्ता है

इसीलिए मेरा दोस्त
अपने बार-रूम की तिजोरी में
इनकी तस्वीर सजा कर रखता है!

[28 अप्रैल, 2010]

फिर भी...!

काटे जंगल
खोदे पहाड़
बोये खेत
फिर भी रहे भूखे।

बनाई नहरें
खोदे कुएँ
लगाए नल
फिर भी रहे प्यासे।

लड़े युद्ध
जीते भूखंड
बदले राज
फिर भी रहे दास।

हाथों में अथाह शक्ति
सीने में धैर्य

मन में विश्वास
फिर भी सही दुत्कार।

नहीं बोये काँटे
बाँटे सिर्फ
सगुन प्यार के
फिर भी रहे अछूत!

प्रतिबन्ध

मेरी जरूरतों में
सिर्फ एक जोड़ी जूता
कुछ कपड़े
दो वक्त की रोटी
सिर ढकने को छत ही नहीं
एक नदी भी है
जिसके रेतीले तट पर
पा सकूँ सुकून पल भर

पानी की तरलता
आँखों में भरकर
देख सकूँ निरभ्रता आकाश की

पेड़ भी है—
जिसकी छाँव मेरी हो
शाखाएँ पक्षियों की
पत्ते धरती के

इसके अलावा भी
बहुत कुछ है जो मेरी जरूरत है
मसलन खेत
रास्ते
धूप, रोशनी
कागज, कलम...
आस-पड़ोस...

मुझे डर है
मेरी जरूरतों का पता चलते ही
वे हथिया लेंगे
तमाम चीजें
कर देंगे प्रतिबन्धित
पेड़ की छाँव
बाँध देंगे नदी का जल
सुदृढ़ दीवारों से
लिख देंगे—
'चेतावनी'
दूर रहो
यह प्रतिबन्धित क्षेत्र है!

प्रेम-डगर

अफसोस,
अभिशप्त हूँ मैं
अपनी यादों को
दर्दनाक रातों
और झुलसते दिनों को
जीने के लिए

लिखने के लिए
अपने दुखों की दास्तान
होने के लिए मुक्त
उन सवालों से
जो बदनुमा दाग की तरह
चिपकाए हैं तुमने
मेरे होने पर

कभी फुसफुसाहटों में
तो कभी कहकहों में
मेरा जिक्र होता है

मैं चीखना चाहता हूँ
चाहता हूँ देना गाली
अश्लील, भद्दे शब्दों में
ताकि दर्ज रहे
कि जो भी कहा तुमने
वह कितना घृणित

और शर्मनाक है
कितना वैमनस्य
और दुर्भावना रचने वाला
मेरी चुप्पी में सोया है
एक ज्वालामुखी
जिसे अदृश्य व्यवस्था के नाम से
ढक कर
रच डाला तुमने
नृशंसता का इतिहास

फिर भी,
मैं चाहता हूँ
भूल जाऊँ वे तमाम चक्रव्यूह
जो रचे थे तुमने
मेरी चेतना को कुंठित करने के लिए

न जाने तुम किस मिट्टी से बने हो
भूलने नहीं देते
बिखेर देते हो हर बार
दहकते अंगारे
मेरी प्रेम-डगर पर
जहाँ मैंने अक्सर की है कोशिश
बंजर धरती पर
हरियाली उगाने की

[29 मई, 2011]

रास्ते की धूल अभी मौजूद है

शहर-दर-शहर घूमकर जब वे लौटे
उनकी आँखों में
रास्ते की धूल मौजूद थी।

उँगलियों पर
स्याही के निशान गायब थे।

झोले में पड़ी किताबें
कबाड़ी की दुकान में जाकर
उनके लिए रात का शगल बनने की
प्रक्रिया से गुजर रही थीं
वे लौटे थे
बहसों से शककर
रातभर जागकर। उन्होंने लिखे थे कुछ नारे।

घंटाघर की घड़ी
जो बरसों से बिना समय बताए भी
घड़ी होने का गुमान पाले हुए
अपने ही अहम् से तुष्ट
धीमे-धीमे मुस्कुरा रही है।

चायघर में। कुछ लोग बहसों में उलझे हैं अभी तक
बिना यह जाने कि कल इस शहर में
कई वारदातें हो चुकी हैं
फिर भी सब कुछ शान्त है।

कुछ बुद्धिजीवी थाने में बन्द रहे हैं
रातभर
एक के बाद एक खाकी वर्दी
उनकी माँ-बहन की योनियों से
अपने सम्बन्ध जोड़ चुकी है
फिर भी घंटाघर की घड़ी की तरह
ये बुद्धिजीवी धीमे-धीमे मुस्कुरा रहे हैं
बची-खुची किताबों को
कबाड़ी के पास बेचने
जा रहे हैं।

साँझ का धुँधलका
उनकी थकान बढ़ा देता है
क्योंकि, वे शहर-दर-शहर भटककर
अभी-अभी लौटे हैं
उनकी आँखों में
रास्ते की धूल, अभी मौजूद है!

बिटिया का बस्ता

घर से निकल रहा था
दफ्तर के लिए
सीढ़ियाँ उतरते हुए लगा
जैसे पीछे से किसी ने पुकारा

आवाज परिचित आत्मीयता से भरी हुई
जैसे बरसों बाद सुनी ऐसी आवाज
कंधे पर स्पर्श का आभास

मुड़ कर देखा
कोई नहीं
एक स्मृति भर थी

सुबह-सुबह दफ्तर जाने से पहले
जैसे कोई स्वप्न रह गया अधूरा
आगे बढ़ा
स्कूटर स्टार्ट करने के लिए
कान में जैसे फिर से कोई फुसफुसाया

अधूरी किताब का आखिरी पन्ना लिखने पर
पूर्णता का एहसास
जैसे पिता की हिलती मूँछें
जैसे एक नये काम की शुरुआत
नया दिन पा जाने की विकलता

रात की खौफनाक, डरावनी प्रतिध्वनियों
और खिड़की से छन कर आती पीली रोशनी से
मुक्ति की थरथराहट
भीतर कराहते
कुछ शब्द
बचे-खुचे हौसले
कुछ होने या न होने के बीच

दरकता विश्वास
कितना फर्क है होने
या न होने में

सब कुछ अविश्वसनीय-सा
जोड़-तोड़ के बीच
उछल-कूद की आतुरता
तेज, तीखी प्रतिध्वनि में
चीखती हताशा

भाषा अपनी
फिर भी लगती है पराई-सी
विस्मृत सदियों-सी कातरता
अवसादों में लिपटी हुई

लगा जैसे एक भीड़ है
आसपास, बेदखल होती बदहवास
चारों ओर जलते घरों से उठता धुआँ
जलते दरवाजे, खिड़कियाँ
फ्रिज, अलमारी
बिटिया का बस्ता
जिसे सहेज कर रखती थी करीने से
एक-एक चीज
पेंसिल, कटर और रबर
कॉपी, किताब
हेयर-पिन, फ्रेंडशिप बैंड
बस्ता नहीं एक दुनिया थी उसकी

जिसमें झाँकने या खँगालने का हक
नहीं था किसी को
जल रहा है सब कुछ धुआँ-धुआँ
बिटिया सो नहीं रही है
अजनबी घर में
जहाँ नहीं है उसका बस्ता
गोहाना की चिरायँध
फैली है हवा में
जहाँ आताताई भाँज रहे हैं
लाठी, सरिये, गँड़ासे,

पटाखों की लड़ियाँ
दियासलाई की तिल्ली
और जलती आग में झुलसता भविष्य

गर्व भरे अट्टहास में
पंचायती फरमान
बारूदी विस्फोट की तरह
फटते गैस सिलेंडर
लूटपाट और बरजोरी

तमाशबीन—
शहर...
पुलिस...
संसद...
खामोश—
कानून...
किताब...

और
धर्म...
कान में कोई फुसफुसाया—
सावधान, जले मकानों की राख में
चिंगारी अभी जिन्दा है!

[20 जनवरी, 2006]

अपने हिस्से की रोटी

मैंने माँगी
अपने हिस्से की रोटी
वे उठ खड़े हुए
हाथों में अंगारे लेकर

हवा में फैल गई चिरायँध

कोई देवता नहीं पसीजा
नहीं हुई आकाशवाणी
ईश्वर ने भी नहीं लिया अवतार

ओ, हजारों साल पुराने देवताओ
मैं नकारता हूँ
तुम्हारे अस्तित्व को

मैं लड़ूँगा
अपनी हड्डियों के वज्र से
जिसकी मूठ पर चिपकी हैं
निर्दोष बच्चों की सिसकियाँ
लुटी-पिटी स्त्रियों का प्रतिशोध!

चुप्पी टूटेगी

जितना रहोगे चुप
मारे जाओगे बेदर्दी से उतना ही

उनके हाथों में होंगे
तमंचे, बन्दूक, लाठी, डंडे, हथगोले
साथ होगी पुलिस, सेना, शक्ति
और तुम निहत्थे
मारे जाओगे
बचकर भागने से पहले ही
तुम्हारी चुप्पी ही हो जाएगी खड़ी
तुम्हारा रास्ता रोककर

मिलेंगे वे हथियारों से लैस
हर मोड़ पर
हर जगह
भेष बदल-बदल कर

आवाजें होंगी जानी-पहचानी
फिर भी नहीं पहचान पाओगे चेहरे

मारे जाओगे
इतना तो तय है

बचा सकते हो तो कोशिश करो
बचाने की उन्हें
जो अभी जन्मे भी नही हैं

तुम्हारी चुप्पी टूटेगी
तो बनेगी दस्तावेज
जो लिखोगे
डरी, सहमी हवाओं के सीने पर,
उनके लिए
जिन्हें अभी जन्म लेना है

वे गर्वित होंगे
बड़े-बूढ़ों से सुनकर तुम्हारी कहानियाँ
लम्बी-लम्बी रातों में
पुआल के भीतर दुबककर!

लेखा-जोखा

पसीना मिश्रित जल से
उगाईं फसलें

लगाए पेड़
पल भर ठिठक कर
जानना चाहा धूप का रंग

न फसल ही अपनी हो सकी
न पेड़ ही

तपती दुपहर में
रजबाहे की नालियों में
बहते गंगाजल से
बुझाई प्यास अनेक बार
बिना हिसाब किये—
कितनी रेत समाई पेट में
कितना पानी बदला लहू में
फिर भी,
न गंगा ही अपनी हो सकी
न रजबाहे की रेत ही

शिवालय के दरवाजे से दूर
खड़े होकर माँगी मन्नतें
सही दुत्कार बामन की
यह सोचकर—
कभी तो खुलेगा दरवाजा
अपने लिए भी
भीतर सोया देवता
जागेगा किसी रोज
पी जाएगा समूचा विष
बाहर आकर

न दरवाजा ही खुला कभी
न देवता ही अपना हो सका

बालिग होते ही
नाम लिखाया मत-सूची में
कागज का मोहर लगा टुकड़ा
हर बार डाला मत पेटी में
इस उम्मीद में—
कोई और नहीं
लोकतंत्र तो अपना होगा

गोपनीयता की शपथ में
रची गईं साजिशें
खाकी वर्दी की मन्त्रणा में
मरी-दबी इच्छाओं के सायरन-सी
गूँजती-आवाजें
लूट-खसोट
मारा-मारी
पालों की अदला-बदली
संसद के गलियारों का
अधमरा लोकतंत्र भी
न अपना हो सका
न जगा सका
विश्वास ही!

अच्छा ही हुआ

अच्छा ही हुआ
मैं नहीं जन्मा
उच्चवर्णीय माँ के गर्भ से

होता मैं भी
संवेदनहीन
जड़
परजीवी
फूँकता कान में मन्त्र
नवजात शिशु के
जात-पाँत के प्रपंच का

अच्छा ही हुआ
मैं नहीं जन्मा
उच्चवर्णीय माँ के गर्भ से

बच गया मैं
श्रेष्ठता की अहमन्यता से
पाखंड की देहरी से

बची रह गई
मेरे पास
रिश्तों की अपार ऊर्जा
जहाँ प्रज्वलित है
असंख्य अग्नि कुंड

मरते-मरते मेरा बाप
थमा गया
मेरे हाथ में कलम
झाड़ू की जगह
कालग्रस्त अँधेरों की सिसकियाँ
और मुक्ति का घोषणा-पत्र
लिखने के लिए

अच्छा ही हुआ
मैं नहीं जन्मा
उच्चवर्णीय माँ के गर्भ से!

खामोश आहटें

कभी नहीं माँगी बलिश्त भर जगह
नहीं माँगा आधा राज भी
माँगा है सिर्फ न्याय
जीने का हक
थोड़ा-सा आकाश
थोड़ा-सा पीने लायक पानी
थोड़ा-सा सुख
थोड़ा-सा चैन
थोड़ी-सी धूप
थोड़ी-सी हवा
थोड़ी-सी रोशनी

थोड़ी-सी किताबें
थोड़ा-सा बचपन
थोड़ा-सा अपनापन
जब-जब भी कुछ माँगा
वे गोलबन्द होकर टूट पड़े
मैं अवाक!
चक्रव्यूह में फँसे अभिमन्यु की तरह
देखता रह गया।
मैं जला हूँ,
असंख्य लाक्षागृहों में
भोगी है नग्न वेदना
द्रोपदी चीर हरण की।
रक्तरंजित खड़ा मैं
सुन रहा हूँ खामोश आहटें
आनेवाले महाभारत की।

दहलीज

दहलीज पार कर
हमेशा रहा हूँ तत्पर मैं
करने के लिए प्रवेश
तुम्हारे आँगन में

जिसे बना रखा है तुमने वर्जित
मेरे लिए सदियों से

साथ ही बाँध रखे हैं
पालतू कुत्ते दरवाजे पर
जो मुझे देखते ही
भौंकते नहीं हैं अब
सिर्फ फुसफुसाते हैं
सांकेतिक भाषा में
और तुम कर लेते हो बन्द
कपाट अपने

बहुत ढूँढ़ने पर भी
नहीं मिले ऐसे क्षण
बीती शताब्दियों में
जब मेरे और तुम्हारे बीच
कुछ ऐसा घटा हो
जिसे किया जा सके दर्ज
प्रेम की पोथियों में

बस, तुमने मान लिया
घृणा को ही सर्वोपरि

मैं तो चाहता हूँ
खुल जाये मेरा दरवाजा
तुम्हारी गली में
लेकिन
वहाँ भी बैठा रखे हैं तुमने
पहरेदार

जो लैस है
आग्नेय अस्त्रों से

पाते ही इशारा
कर देते हैं जख्मी
मेरे जिस्म को

इसके बावजूद मैं
चाहता हूँ पार करना
अपनी दहलीज।

मुक्ति-संघर्ष

जिस अतीत की
आदिम महानता से आत्ममुग्ध होकर
बदलना चाहते हो
बूचड़खाने में
हर गली
और मुहल्ले को
वही अतीत अँधेरे से भी
गहरा है मेरे लिए

काँटेदार जंग लगी बाड़
और चौहद्‌दी में कैद

धकियाई गई जिन्दगी
नदी-नालों के किनारे
नदी-बारिश और शीत से
झुलसे जिस्म
नहीं देख पाए
धरती का सुनहरा रंग

जिस पर उकेरते रहे रात-दिन
फसलों के गोदने
खाली पेट
तरसते एक-एक बूँद पानी के लिए
नदियाँ, कुएँ, पोखर
सभी पर कब्जा जमाए बैठे थे
समय के थानेदार
अफीमी गौरवगाथाओं के
मानसिक विलास में डूबे हुए

फटे पाँव,
खुरदरे हाथ,
सख्त चेहरे
नहीं जान पाए
बदलते मौसम का मिजाज

अँधेरे के समन्दर से
बाहर आकर
देखना है डरे-सहमे
चेहरों पर उम्मीदों की किरण

जो अभी बाकी है
राख में छिपी अदृश्य चिंगारी की तरह

जिसकी आँच में तप कर
अँधेरों की भयावह त्रासदी से
मुक्त होना है अभी
और अभी
तोड़ कर तमाम अवरोधों को!

[29 अप्रैल, 2011]

मुट्ठी भर सुकून

लकड़ी की पाटी पर बैठकर
वह कूटती है कपड़े
माँजती है वर्तन
डाँटती है बच्चों को
कुढ़ती है
चिल्लाती है
उस समय जब उसे होना चाहिए शान्त

अक्सर रहती है खामोश
जब उसे बोलना चाहिए
हँसती है
जब उसे सोचना चाहिए

लाल रंग के डोरे
पनपते हैं उसकी आँखों में
जब वह प्रेम करती है
हो जाती है उदास
जब टूटता है आकाश में कोई तारा

रात के सायों में
वह तलाशती है
अपने हिस्से का उजाला
धीरे से दुलारती है
गहरी नींद में सोये बच्चों को

पाषाण-रूप, खजुराहो की अपरूपा
अंक शायिनी,
धुन्ध भरे कुहासे-सी निःश्वास
कहीं दूर नींद की पगडंडी पर
बर्फीली नदी की तरह
जम जाती है
या बिखर जाती है
साँसों की गर्म रेत पर
सुलगती है धुआँ-धुआँ
लालसाओं के अधूरे अग्निकुंड में

बाहर एक दुनिया है
जिसे वह पकड़ना चाहती है
भीतर एक दुनिया है
जिसे वह जानना चाहती है
आँगन में

पेड़ की तरह खड़ा भय
उसे शक्तिहीन कर देता है।

सुबह उठते ही वह
रात की स्याही
हवाले कर देती है धूप के
भर लेती है नया दिन
अपनी साँसों में
मुट्ठी भर सुकून के लिए।

हथेली पर उगा सूर्य

उसकी हथेली पर
दहक रहे हैं हजार-हजार सूर्य
एक साथ

पृथ्वी पर किसी एक जगह
अचानक आ गया है
खालीपन

जहाँ नहीं है हवा भी

कुछ लोग जुट गए हैं
हवा निर्मित करने में
बड़े-बड़े यंत्रों से

फिर भी वह जगह खाली है

इसके बावजूद भी
पृथ्वी जिन्दा है
उस हथेली की तरह
जिस पर अभी-अभी उगे हैं
हजार-हजार सूर्य एक साथ

कुछ लोगों के कहकहे
अचानक बदल गए हैं
फुसफुसाहटों में

जिसे छिपा कर रखना
उनकी विवशता है
जैसे इतिहास को कैद रखना
पुराने पड़ गए शब्दों में
उनकी यह भी कोशिश है
पृथ्वी बँटी रहे खंड-खंड में
ताकि,
चलता रहे उनका हुक्म

उन्हें तलाश है ऐसे चेहरे
जो दिखें महात्मा जैसे
वाणी हो संतों जैसी
ताकि,
कोई बहस न करे
आस्था के बोझ तले

दब कर
शब्द रहें खामोश

हथेली पर उगे सूर्य
अँधेरे में छिप कर
सो जाएँ चुपचाप
बिना आवाज किये

और,
अराजकताएँ खुल कर मना सकें उत्सव
दूसरों को डरा-धमका कर

हथेली पर उगा सूर्य
ऊपर उठ रहा है
पूरे आत्म विश्वास के साथ
सदियों पुराने अँधेरे को
निगल जाने के लिए!

[3 मई, 2011]

वे भयभीत हैं

वे भयभीत हैं
इतने
कि देखते ही कोई किताब

मेरे हाथों में
हो जाते हैं चौकन्ने
बजने लगता है खतरे का सायरन
उनके मस्तिष्क और सीने में
करने लगते हैं एलान
गोलबन्द होने का।

वे भयभीत हैं
इतने कि समझने लगते हैं
आँधी
मेरे उच्छ्वासों को
जो बढ़ रहे हैं लगातार
उनके बन्द किले की ओर
जहाँ सुरक्षित हैं वे
फिर भी भयभीत हैं।

ढूँढ़ना चाहता हूँ मैं
बन्द किताब के पन्नों में
अपनी साँसें
स्याह अक्षर चुप्पी साधे
देख रहे हैं कनखियों से
सन्नाटों में डूबे किले की ओर।

खामोशी मुझे भयभीत नहीं करती।

मैं चाहता हूँ
शब्द चुप्पी तोड़ें

सच को सच
झूठ को झूठ कहें!

विपथित संघर्ष-यात्रा : एक

जब घर से चले थे
चेहरे पर नीली आभा थी
आकाश में चमकते नये सूर्य की
आँखों में पहाड़ी नदी का तीव्र प्रवाह
मार रहा था हिलोरें
साँसों में शोर था तूफानी हवाओं का
कानों में गूँज रही थी
पुरखों की दर्दनाक चीखें
नगाड़ों की तरह

हृदय में उठता था
हाहाकार

समय की परिधियों से बाहर
निकलकर
उमड़-घुमड़ करती थी
विश्वास में छले जाने की
सदियों पुरानी यातना
सुविधाओं की परछाईं में

छूटने लगा है सभी कुछ
फिसलने लगा है समय
मुट्ठी में बन्द रेत-सा

लहू में बसा हुआ
बर्बर संस्कृति का भय
बुना हुआ है मकड़ी के जाले-सा
इर्द-गिर्द
महीन अदृश्य धागों से
हौसला टूट रहा है

नया सोफा आने से पहले
आ गया है मखमली कालीन
ड्राइंग रूम में
जिस पर बैठाना चाहता हूँ
धुले-पुँछे जिस्म
साफ-सुथरे पाँव

स्मृतियाँ धुँधलाने लगी हैं
फीका पड़ रहा है नीला रंग
जिसने सिखाया था
अपने हक में लड़ने का तरीका
आदमी को देखना
आदमी की तरह

आने वाला समय
गहरा काला लबादा ओढ़कर

पसर गया है
उन बस्तियों में
जहाँ ताजा हवा प्रतिबन्धित है
इसके बावजूद मैं
सजाने लगा हूँ ड्राइंग रूम
उनके लिए
जो शामिल हैं
इस साजिश में!

विपथित संघर्ष-यात्रा : दो

मैं जाना चाहता हूँ दीक्षा भूमि
अदृश्य भय पीछा करता है
दिखाना चाहता हूँ परिवारजनो
सगे-सम्बन्धियों को
चैत्य भूमि

असमंजस में पड़ जाता हूँ
छिपा लेता हूँ खुद को
दिग्भ्रमित होकर
झूठ की आड़ में
घुन की तरह समा गया है भय
मेरी हड्डियों में

पत्नी रोपना चाहती है
गमले में तुलसी
मैं तिल-तिल मरने लगता हूँ
ढीली पड़ जाती हैं
मांसपेशियाँ

मेरी यह कोशिश
धोखा देगी मुझे
अँधेरे में खो जाएँगी
आने वाली पीढ़ियाँ
यह सब जानते हुए भी
मैंने स्थगित कर दी है
अपनी संघर्ष-यात्रा
भय ने घेर लिया है मुझे
चारों ओर से!

अतीतजीवी

वे डराते हैं
कभी ईश्वर के नाम से
तो कभी वास्ता देकर
स्वर्ग-नरक का
तो कभी ऐसे धर्म-ग्रंथों का
जो प्रतिबन्धित थे मेरे लिए।

बुदबुदाते हैं
ऐसी भाषा में
जिसे वे नहीं समझते
सिर्फ रटते हैं
तोते की तरह।

डराते रहना उनकी फितरत है।

लेकिन,
जब से मैंने छोड़ दिया है
डरना उन प्रतीकों से
वे 'भूत' को सिर पर बैठा कर
साजिश रचने में लगे हैं
घृणा की आड़ में
राष्ट्रवाद का भ्रम फैला कर
वर्तमान को
अँधेरे में धकेल रहे हैं
पेड़ पर बैठी चिड़िया
बेखौफ मुस्कुरा रही है।

वह जानती है
शेखी बघारने वाले अतीतजीवी हैं
जो हो चुके हैं जड़
उस दरख्त की तरह
जिसकी शाखाओं पर
अब कोंपलें नहीं फूटतीं!

[12 अक्टूबर, 2010]

बँधुआ शब्द

मेरा बोलना
रोना-धोना
चीखना-चिल्लाना
नागवार लगता है तुम्हें

लगता था उस वक्त भी
जब हम
अँधेरों में सिसक-सिसक कर
कर रहे थे मूक-रुदन
हजारों साल से

तब भी तुम्हारे कान बन्द थे

तुम्हारे हाथ में
शस्त्र और शास्त्र थे
जिह्वा पर सरस्वती
ऊँच-नीच को तार्किकता
देने के लिए

हम तब भी चीख रहे थे
जिसे नहीं सुनना
तुम्हारी कूटनीति थी
या फिर शिल्प कौशल

हमारे भीतर-बाहर
जो अँधेरा है
उसे महसूस करना
जरूरी नहीं है तुम्हारे
क्योंकि,
शब्दों को बन्धक बना कर
तुम जानते हो
अच्छी तरह इस्तेमाल करना

इसीलिए, तुम्हारे शब्द बदल जाते हैं
सैनिक टुकड़ियों में
पवित्र पुस्तकें
बन जाती हैं पड़ाव-स्थल
कुचल देने के लिए
किसी भी प्रतिरोध को

घेराबन्दी करके बैठे
शब्दों की पीठ पर
लदा है घातक विस्फोटक
जो प्रतिबद्ध है
निहत्थे और बेबस
असहाय लोगों की
तबाही के लिए

बस्तियाँ जला कर
राख कर देने में
महारत हासिल है

गोहाना, मिर्चपुर झज्जर
और खैरलांजी...
रच देना
बाएँ हाथ का खेल है

जिसकी कहीं सुनवाई तक नहीं होती,

फिर भी,
मुझे यकीन है
एक दिन माँगा जाएगा
हिसाब
संसद से
मानवाधिकार आयोग से
न्यायपालिका से...

जो चुप्पी साध कर
निकल जाते हैं
गोपनीय यात्रा पर
ऐसे दिनों में
जब उन्हें खड़ा होना था
उन लोगों के पक्ष में
जिनकी सिसकियाँ गूँजती हैं
बेनाम अँधेरों में
जब-जब वे कोशिश करते हैं
इन अँधेरों से बाहर आने की
उठ खड़ा होता है
समूचा तंत्र
उनके खिलाफ एकजुट होकर

उनकी अन्त:चेतना में
सुलग रहा है
आग का बवंडर
जो किसी भी दिन
जाग सकता है
अपनी हजारों साल पुरानी
चुप्पी तोड़ कर!

[23 अक्टूबर, 2010]

असहमति

मैं भी चाहता हूँ
मेरे शब्द सहना सीख जाएँ
विश्वास में छले गए
हताश क्षणों की पीड़ा
भूल जाएँ पसीने और रक्त से भीगी पीठ पर
कोड़ों के निशान

भूल जाएँ
मरीचिकाओं में डूबी बेचैनी
बोझिल, उदास, यंत्रणाएँ
गर्दन पर कसी सख्त पकड़

निस्तब्ध नग्नता की
असहनीय बेड़ियों में जकड़े हाथ-पाँव

असत्य और कुतर्क के आध्यात्मिक जंगलों में
भटकती विषाक्त आत्माएँ
देवदार के ऊँचे और पतले दरख्तों की
घनी छायाएँ
अतृप्त धरती की हलकी करवटें
जो दस्तावेजों की तरह
लिखी हुई हैं जर्रे-जर्रे पर

जिनके अक्स करते हैं आतंकित
तोड़-मरोड़कर फेंक देती हैं
समूची नस्लों को
घुटी-घुटी असहज उड़ानें
चिपचिपे महासागर में
हिंस्त्र जल-जन्तुओं के बीच

मैं भी चाहता हूँ
सहना सीख जाएँ मेरे शब्द
बाहर-भीतर के समूचे अन्धकार को

सुनसान रास्ते के दोनों ओर
मौन खड़े यूकलिप्टस
मुस्कुराएँ
अपनी उदासी छोड़कर

मैं भी चाहता हूँ
मेरे शब्द सीख जाएँ
असहमति में सिर हिलाना!

भाग्य-विधाता

वे बोलते हैं
सिर्फ शास्त्रों की भाषा
जिसे सुनकर इतिहास की निरंकुशता
पाँव पसारने लगती है
सूरज की तेज रोशनी
बदल जाती है
साँझ के धुँधलके में

वजह चाहे जो भी हो
पर इतना तो साफ है
उनकी बोली-बानी
भेद खोल देती है
भलमनसाहत का

हर पल बदलते हैं उनके चेहरे

दिखते हैं कभी साधु
तो कभी चोर
तो कभी जज
तो कभी दीवान
तो कभी मुल्ला
तो कभी पंडत
कभी पुजारी
तो कभी साधक
तो कभी नेता

मुश्किल होता है
उनको पहचानना

फिर भी,
जब वे कहते हैं
उजाले को काला सूरज
या प्रकाश की असमर्थता
सुनने वाला सिर्फ देखता रह जाता है
पल-पल बदलते चेहरे और वक्तव्य

इसीलिए,
उनकी दार्शनिकता में
यह सब क्षण भंगुर है
धन-दौलत, ऐशो आराम
सिर्फ हाथ के मैल हैं
जिसे गंगाजल से धो कर वे व्यर्थ नहीं करते

तिजोरी के भीतर एक और तिजोरी
रख कर बैठ जाते हैं
आने-जाने वालों को बताते हैं
उनकी हैसियत

उस वक्त उनकी आवाज की गर्जना
सब कुछ कह देती है
सामने खड़ा अदना-सा आदमी
गड़ जाता है जमीन में

जहाँ,
उसे सुनाई पड़ते हैं
सिर्फ कुछ नारे
आश्वासन
कुछ सूत्र वाक्य
जिनके अर्थ समझना
उसके बूते से बाहर है

और,
वे लोकतंत्र के भव्य रथ पर सवार होकर
निकल पड़ते हैं
देश की किस्मत बदलने!

[12 अप्रैल, 2011]

नाटक जारी है

तीसरी आजादी का ढोल पीटते मजमेबाज
आ गए हैं
नये चेहरों और नये नारों के साथ

दूसरी आजादी की तरह
सम्पूर्णता का एहसास दिलाने

जो अचानक बदल गई थी
सत्ता समीकरण और साम्प्रदायिकता में
छोटे-छोटे घरौंदों के साथ

मजमेबाजों की भीड़ में
खड़ा है मँगरू
फटेहाल खाली पेट
पूछता है ताली बजाते
पढ़े-लिखे बाबू से

क्या इस बार भी
कुछ वैसा ही होने वाला है
जैसा हुआ था सन् 77 में?

बाबू उसे घूरता है
आग्नेय नेत्रों से

चेहरे बदल गए हैं
तौर-तरीके भी अलग हैं
भाषा और अभिव्यक्ति का जुनून भी
कुछ अलहदा है
'मेरी मुर्गी डेढ़ टाँग की'
वाला मुहावरा उछल रहा है
हवा में
बिना संवाद के

लोकतंत्र का नया भाष्य
सुनाई पड़ रहा है

मेरे इर्द-गिर्द
हर जगह टँगा है एक ही नारा
सिर पर टोपी लौट आई है

टैक्स चोरों
जमाखोरों
कालाबाजारी करने वाले
धोखेबाजों ने दिखाई है चुस्ती
टाँग कर अपने सीने पर नारा
घोषित कर दिया है खुद को ईमानदार

मँगरू पूछता है
जब सारे ईमानदारों ने
पहन ली है टोपी
तो फिर
प्राब्लम क्या है मेरे भाई?

कहीं दाल में कुछ काला है
कुछ गड़बड़ है
बेईमान का मुँह काला है

ये मुहावरे भी अब अर्थहीन हो गए हैं

हर कोई ईमानदारी की टोपी पहन कर
भीड़ में शामिल है

कचहरी,
तहसील
अस्पतालों
विश्वविद्यालयों
बाजार और पुलिस थानों में
चल रहा है सब वैसा ही जैसा था

शायद,
ईमानदारी की अनुगूँज अभी तक
वहाँ सुनाई नहीं पड़ी है
या फिर उन्हें
टोपी नहीं मिली है
जिसे पहन कर वे भी ईमानदार
दिखने लगें

अगले चुनाव के बाद देश तीसरी बार
आजाद होगा?

आपकी क्या राय है भाई साहब?

मेरे पास तो प्राब्लम ही प्राब्लम है
धार्मिक,
सामाजिक,
दुश्चिन्ताओं के बीच खड़ा
आम आदमी फटेहाल है
भूखा और लाचार है!

मँगरू के सवाल पर
सब चुप हैं
इसीलिए मँगरू सड़क पर अकेला है

[12 अक्टूबर, 2011]

कोई खतरा नहीं

शहर की सड़कों पर
दौड़ती-भागती गाड़ियों के शोर में
सुनाई नहीं पड़ती
सिसकियों की अनुगूँज

पास से गुजरते हजारों लोग
ठिठकते हैं पलभर
खो जाते हैं भीड़ के समन्दर में

समन्दर : जिसके रेतीले तट पर
पड़ी सीपियाँ खाली हैं
लहरें भी नहीं टकरातीं किनारों से
हवाओं का शोर भी
गुजर जाता है खामोशी से
अजनबी की तरह

सभ्य लोग चिन्तित हैं
पेड़-पौधों और पशु-पक्षियों के लिए

पर्यावरण पर बोलना, सोचना
लिखना
कितना आसान है
कहीं कोई खतरा नहीं
न धर्म विरोधी होने का डर
न साम्प्रदायिकता का भय
डराने-धमकाने भी नहीं आएगा
कोई 'दल'
संस्कृति भी बची रह जाएगी।